天才是培養出來的

塔木德家庭教育智慧書

猶太人認為，父母的「不言而教」才是最好的教育。
父母日常的所作所為，就是對孩子的身教。

王海倫◎著

前言

群星璀璨猶太人

1 科技界的猶太巨擘

猶太科學家中，除了愛因斯坦外，尼爾斯・玻爾、「核和平之父」西拉德、「原子彈之父」奧本海默、「氫彈之父」特勒、天才物理學家理查・費曼、「控制論之父」維納、「世界語之父」柴門霍夫與「細胞吞噬者」梅契尼科夫等都是猶太人。

理查・費曼對物理學的貢獻非常之大，以致很多物理學家把他稱為新的「物理學之父」，而愛因斯坦則是早先的「物理學之父」。費曼獲得一九六五年諾貝爾物理學獎。

猶太科學家哈伯，由於發現了合成氨而獲得一九一八年諾貝爾獎。

猶太科學家海因里希，由於在一九三一年發現了呼吸酶而獲得諾貝爾獎。

青黴素的發現者是三位猶太人：弗萊明、弗洛里和錢恩，他們於一九四五年同時獲得諾貝爾獎。

猶太科學家瓦克斯曼，因爲發現了鏈黴素而獲得了一九五二年諾貝爾醫學及生物獎。

猶太生物科學家亞瑟·科恩伯格，由於發現了賴氨酸的生物合成結構及去氧核醣核酸，而榮獲一九七五年的諾貝爾獎。

另一位諾貝爾獎獲得者是猶太生物學家勒韋，他用青蛙做實驗，從而證明了心臟跳動與某些化學物質，特別是與乙醯膽鹼在神經系統的釋放有關。

爲世界文明做出重大貢獻的猶太科學家還有：有機化學的創始人馮·拜爾、施溫格，物理學家馬克思·玻恩、李普曼、威斯塔特、卡羅、亨利、德里福斯等，他們大多獲得了諾貝爾獎。

在美國科技領域，猶太知識精英們的作用特別突出。據社會學家的統計，對美國人最有影響的兩百位文化名人中，有一半是猶太人。到二十世紀八〇年代初，在獲得諾貝爾獎的一百多位美國學者中，也有近半數是猶太人及其後裔。在美國東部的知名大學中，30%的教授是猶太人。

2 經濟界的猶太大亨

美聯準會主席葛林斯潘是當今最著名的猶太人。薩繆爾森、戴衛・李嘉圖、亞瑟・伯恩斯、海爾・布隆納以及西蒙等一大批經濟界名人，都是猶太人。

如果談到經濟領域，猶太人被稱爲「世界上最偉大的商人」，可以列出更長的令人矚目的名單，例如：被稱爲「歐洲第六大帝國」的締造者羅斯柴爾德；世界石油大王，第一位十億富翁約翰・洛克菲勒；「金融大鱷」喬治・索羅斯；「新聞大王」約瑟夫・普立茲；「牛仔褲大王」李維・施特勞斯；金融巨頭皮爾龐特・摩根；有「紅色資本家」之稱的哈默……

在美國社會經濟領域，經過幾代人的奮鬥拼搏，大多數美國猶太人已成爲中產階級，主要從事工商業、金融業和專業技術工作，只有1%的人仍是非熟練工人。根據一九八八年的調查，有47%的美國猶太人每年收入在四萬美元以上，而在非猶太人中，只有25%的人才能達到這個水準；只有10%的猶太人年收入在二萬美元以下，而在這個水準以下的非猶太人的比例爲29%。

在二十世紀上半葉，猶太工商業家已在服裝業和百貨零售業中居於統治地位。

到了戰後，特別是二十世紀八〇年代以來，他們進一步控制了皮毛業，在糧食加工業、電子業、餐飲業、娛樂業、鋼鐵業、石油業和化工業等領域的實力也日益增強。

雖然「猶太人控制華爾街」這句話有些誇大其詞，但猶太金融家在美國金融界的實力確屬首屈一指，其中如庫恩—洛伯公司、塞利格曼公司、萊曼兄弟公司、拉紮德兄弟公司、所羅門兄弟公司、戈德曼—薩克斯公司等，都是金融業頗具影響的巨頭。

此外，還有路透社的路透、《華盛頓郵報》的凱薩琳．格雷厄姆、CBS的創始人威廉．佩利、NBC的薩爾諾夫。

美國的電影業可以說是由猶太人奠基的，幾乎所有大製片公司的創辦人都是猶太裔人士，如華納公司的華納四兄弟，派拉蒙公司的阿道夫．祖柯，米高梅公司的路易士．梅耶、山繆．戈德溫等。

在新聞出版界，也湧現了一大批著名的猶太記者、編輯和專欄作家。現任美聯社董事會主席唐納德．紐豪斯也是猶太人。

3 思想界的猶太大師

可以毫不誇張地說，人類社會的思想界若沒有猶太人，將不會取得這麼快的發展。

耶穌是基督教的創始人，但祂卻是道道地地的猶太人，祂的思想對人類社會產生的巨大而深刻的影響，是其他任何人所不能相比的。

馬克思的貢獻就不必說了。

另一個影響世界的思想大師是猶太人佛洛伊德。他關於意識、潛意識的意識結構，本我、自我、超我的人格結構，人及人的本能理論，都開創了世界的新紀元。因而，他與馬克思、愛因斯坦被譽爲影響世界歷史的三位偉人。

世界上還有很多哲學家是猶太人，如「泛神論大師」斯賓諾沙、「現象學大師」胡塞爾、「新佛洛伊德主義者」弗洛姆、「哲學大師」維特根斯坦、「符號學大師」凱西爾、「青年造反者之父」馬爾庫塞，以及著名心理學家馬斯洛等。

4 文藝界的猶太巨匠

猶太人在文學、戲劇、音樂等方面，也取得了重要成就。像猶太思想家和科學家一樣，猶太著名藝術家也是群星璀璨。

著名的猶太畫家有畢卡索、拉斐爾、夏加爾、塞尙、布洛赫等。

猶太音樂家有孟德爾頌、梅紐因、馬勒、魯賓斯坦、卡拉揚、梅耶貝爾、勳伯格與帕爾曼等。

著名的猶太裔作家有海涅、茨威格、卡夫卡、普魯斯特、愛倫堡、戈迪默、柏格森、施尼茨勒、奈麗．薩克斯、亨利希．曼、湯瑪斯．曼、索爾．貝婁、艾．辛格、蕭洛姆．阿萊漢德、海澤、帕斯捷爾納克、布羅茨基、約瑟夫．海勒、塞林格、馬拉默德、艾倫．金斯堡、莫拉維亞、貝克特等。在當代美國的一流作家中，猶太裔作家占了60％以上。

著名的猶太電影大師、表演藝術家有史蒂芬．史匹柏、愛森斯坦、達斯汀．霍夫曼、保羅．紐曼等。

5 政壇上的猶太大腕

到二十世紀初，猶太人開始進入美國政界的上層。

第一位成為內閣部長的猶太人是奧斯卡．斯特勞斯，一九〇六年至一九〇九年任希歐多爾・羅斯福總統的商業和勞工部長。

此後，越來越多的猶太人進入內閣。其中比較有影響的如羅斯福總統任內的財政部長亨利・摩根索，尼克森和福特兩位總統任內的國務卿亨利・季辛吉，卡特總統任內的財政部長邁可・布盧門撒爾。

柯林頓總統的六位重要閣員都是猶太裔：國務卿奧爾布賴特，國防部長科恩，財政部長魯賓，貿易代表巴爾舍夫斯基，國家安全事務助理伯傑和駐聯合國大使霍爾布魯克。

各大州和重要城市的州長、市長中，也有許多是猶太人。猶太裔的路易士・布蘭代斯曾擔任聯邦最高法院法官達二十三年，還有多名猶太人士擔任過最高法院法官。

至於被選爲歷屆國會議員的猶太裔人士，就更加難以一一列舉了。僅一九九八年選出的一百零六屆國會，就有猶太裔眾議員二十三人，猶太裔參議員十一人。

猶太家庭教育經典——《塔木德》

猶太教是產生於美索不達米亞地區的一種閃族宗教，後來逐漸發展爲人類最古老的一神教，與基督教、伊斯蘭教有著密不可分的淵源。在西元七〇年，耶路撒冷第二聖殿被毀後，隨著猶太人的大流散，猶太教傳播到世界各地，成爲對人類社會生活有著深遠影響的一種宗教信仰。

猶太教有三部經典：

一是《聖經．舊約全書》，即《塔納赫》。其前五卷被稱爲《托拉》（*Torah*），又稱《律法書》或《摩西五經》，是《聖經》中最重要的著作。

二是《塔木德》（*Talmud*），它對《托拉》中的「六一三條戒律」逐一作出了詳細解釋。

三是《米德拉什》（*Midlash*）。

《塔木德》是猶太人的智慧寶庫

在猶太人心目中，《塔木德》的權威性僅次於《聖經．舊約全書》。《塔木德》

全書共二十卷，一萬兩千頁，二百五十萬字，內容幾乎涉及人生的所有問題，而且對每一個問題都作了詳細論述，是猶太民族三千多年智慧的結晶，是猶太人超凡智慧的泉源，是猶太人世代相傳的寶典。

《塔木德》這部巨著，不僅是一部注解《聖經・舊約全書》的權威經典，而且是一部內容豐富、多姿多采的文學作品。其內容除宗教訓誡和道德說教外，還包括大量的神話故事、歷史傳說、民間習俗以及天文地理、醫學及植物學知識。整部作品通俗易懂，睿智雋永，成爲猶太人處世的指南，同時也對處於流散中的猶太人加強民族統一性、增進凝聚力，起到無比重大的作用。

直到今天，猶太人仍然在孜孜不倦地鑽研《塔木德》。許多人除了每天早上閱讀外，安息日更是特意安排幾小時的學習時間。有時幾個小時只讀了十幾句，可見其認眞程度。

《塔木德》是猶太人不可分割的一部分，是猶太人的靈魂。從某種意義上講，猶太文化就是《塔木德》文化，《塔木德》是猶太人的智慧寶庫。

《塔木德》是猶太律法的百科全書

猶太民族從起源就是一個流動不定的部落，部落構成混雜，定居不久又被驅趕著湧入大流散的洪流，以致造成猶太民族在民族邊界的標誌上，缺乏血緣和地域這兩個最基本的要素。

事實上，就其內部樞紐而論，能使猶太民族在四散分居的狀態下延存下來的，便是上帝的律法。猶太民族在種族意義上是一個開放的民族，它以是否遵守上帝的律法來，確定民族成員的身分。

猶太民族的律法精神，集中體現在《塔木德》中。《塔木德》是二千位學者在一千多年的討論和研究中寫成的，他們把這些學者的主要的觀點和意見寫出來，是大家相對集中思想的表達，其本身並沒有一個確定的答案。因此，嚴格地說，《塔木德》不是一部律法書，而是一部自己研究和探索的書，每一個猶太人的研究，都是他自己的見解和觀點。猶太人在一起學習《塔木德》的時候，也是他們互相交流和學習心得的過程。

《塔木德》並非是律法問題唯一的權威性解釋。猶太教鼓勵人們獨立思考。學生在猶太經學院中，即使把《塔木德》背得滾瓜爛熟，也不能算是一個好學生，因爲《塔木德》中都是別人的討論意見，你並沒有融會貫通地發表自己的見解。

《塔木德》是一部猶太律法的百科全書，內容包羅萬象，可以供參考借鑑，但絕不是行動的指南。《塔木德》是許多猶太學者的智慧結晶，研讀者可以同意這一位學者的看法，不同意另一位學者的意見。因此，猶太人認爲，自己學習並逐漸領悟，才是眞正的學習。

學習經典，尊重知識

猶太教歷經數千年的滄桑巨變，雖然屢遭劫難，流散各地，於顛沛流離之中仍能薪火相傳、不絕於世，並顯示其頑強的生命力。究其原因，眾說紛紜，但無法否認其文化傳統，尤其是經典文獻如《聖經》、《塔木德》所起的精神樞紐作用。有專家說：「如果《聖經》是猶太教的奠基石，那麼《塔木德》則是矗立在這基石之上，支撐猶太人整個精神和智慧大廈的中心支柱。從許多方面來說，《塔木德》是猶太文化最重要的著作，是猶太民族生活和創造力的泉源。」

猶太人尊重知識、重視教育的觀念，並非一時的看法，而是早已植根於猶太民族的腦海之中。在《聖經》和《塔木德》等聖典中，就充分體現出猶太人的求知熱忱。所有的猶太人都知道這個道理。因此，猶太人就特別重視學習。爲了讓自己的後代注意引導孩子學習，在他們小的時候，就引導他們學習猶太教。

《塔木德》被譽爲「猶太智慧的基因庫」，而作爲希伯來語音譯的「塔木德」一詞的本意，正是「鑽研或研習」。《塔木德》認爲，學習是一種至善的行爲，是一切美德的本源。《托拉》是這樣說的：「愈學《塔木德》，生命愈久長……，精通《塔木德》的人，便在來世獲得了永生。」、「研習《塔木德》的人値得受到尊敬。他會被稱爲一個朋友、一個可敬的人、一個崇敬上帝的人；他將變得溫順謙恭，變得公正、虔誠、正直、富有信仰。他將能遠離罪惡、接近美德。透過他，世界就有了智慧、忠告、理性和力量。」

經典文獻要成爲民族生活和創造力的泉源，還需依賴於教育。在猶太教中，宗教權威稱爲「拉比」，意爲老師（早期用阿拉米語稱「坦拿」，就是教師。後期稱「阿摩拉」，即完成《塔木德》的幾代教師）。「拉比」在猶太人心目中，是代表上帝向世人宣話的使者，是猶太人的精神領袖，是猶太教職的一種。

經典文獻《托拉》，意爲「訓誨」，《塔木德》意爲「教導」，《米德拉什》意爲「講解」，而《密西拿》也意爲對律法的「重複學習」。《革馬拉》在阿拉米語中也是

「學習」。由此粗略看來，猶太教是一個推崇學習、注重教育的宗教。宗教教育在猶太教中，顯然起著延續和鞏固傳統文化的特殊作用。

他們這些教義，就是鼓勵猶太人從小要喜歡學習。把鑽研和學習提到信仰的高度來看待，這在世界上的各種宗教中是絕無僅有的。這一做法所產生的影響極爲深遠——猶太人非常重視知識，在他們看來，無知的人不可能是虔誠的。

猶太傳統婚姻也體現著猶太人尊重知識的精神，困境中，猶太人最懂得優生優育的道理：才智一般的猶太人尚難立足社會，更何況才智低下的人呢？

猶太社會非常追求「門當戶對」，但這種「門當戶對」不完全是財富與門第的匹配，而是人的素質的匹配。富人願爲子女尋找有才華的青年，或品行好的拉比家的子女，不管他是貧是富。貧窮的父母寧肯變賣家中財富，也要爲子女找一個有學識的人家。有一條猶太格言是這麼說的：「即使變賣一切家當，使女兒能嫁給學者也是值得的；爲娶學者的女兒爲妻，縱然付出所有財產也在所不惜。」

猶太人一心追求知識，並以不同尋常的方式，運用知識作爲謀生的手段。在二十世紀初，美國工業管理委員會發現，猶太母親的就業率，大大低於其他民族，她們留在家裡照看孩子，確保孩子上大學。而當時同爲移民的義大利人，對美國教育疑慮重重，他們把孩子當做田裡工作的好幫手，認爲教育是一種人力剝削。由於看不到孩子上學的重要性，其結果是孩子翹課多、輟學早、成績差、少年犯罪率高。

而猶太兒童則因爲學習成績好、聽話和總體的行爲良好，爲老師所喜愛。

CONTENTS

目錄

CONTENTS

第二章 猶太家庭的理想教育

目錄

第一章

CLASSICAL STORY THE BIBLE OF JEWISH HOME-EDUCATION

猶太早期家教造就天才

PART 1

愛因斯坦、玻爾、洛克菲勒、哈默的成就，是世界上一千六百萬猶太人成功的縮影。

教育專家認為，他們的成功，
無一不是得益於他們父母進行的早期教育。

1 早期家教造就天才

經典故事

一個真正的天才

一九〇五年，對世界物理界來說，是革命的一年——〈相對論〉誕生了！

在這一年，萊比錫出版的《物理學紀事》雜誌上發表了三篇論文，作者是同一個人——阿爾伯特・愛因斯坦，伯爾尼專利局一個只有大學文憑的、默默無聞的小職員。

一個二十六歲的青年，利用業餘時間進行科學研究，在物理學三個未知領域裡齊頭並進，同時取得巨大成果，這在科學史上不能不說是一個奇蹟。也許只有一六六五年到一六六六年可以和一九〇五年相媲美。當時瘟疫席捲英國，劍橋大學被迫關閉，二十三歲的牛頓回到故鄉烏爾索普村。在鄉居期間，他發明了微積分，發現了白光的組成，並且開始研究引力問題。

天才，一個眞正的天才！人們只好這樣解釋。

物理天才玻爾

一九二二年，一名只有三十六歲的年輕人，榮獲諾貝爾物理學獎。他就是被稱爲「物理天才」的尼爾斯・玻爾。

玻爾，一八八五年十月七日生於丹麥首都哥本哈根，一九〇三年進入哥本哈根大學學習物理，一九〇九年獲科學碩士學位，一九一一年獲博士學位。他在大學二年級時，研究水的表面張力問題，自製實驗器材，透過實驗取得了精確的資料，並在理論方面改進了物理學家瑞利的理論，研究論文獲得丹麥科學院的金質獎章。

由於仰慕盧瑟福，玻爾於一九一二年三月到曼徹斯特大學，在盧瑟福領導下工作了四個月，當時正值盧瑟福提出了他的原子核式模型。人們把原子設想成與太陽系相似的微觀體系，但是在解釋原子的力學穩定性和電磁穩定性上，卻遇到了矛盾，這時玻爾開始醞釀自己的原子結構理論。

早在大學作碩士論文和博士論文時，玻爾就潛心研究金屬中的電子運動，並明確意識到，經典理論在闡明微觀現象方面的嚴重缺陷，他讚賞普朗克和愛因斯坦在電磁理論方面引入的量子學說。在他研究原子結構問題時，就創造性地把普朗克的量子說，和盧瑟福的原子核概念結合了起來。在玻爾離開曼徹斯特大學以前，曾向盧瑟福呈交了一份論文提綱，引入了定態的概念，給出了定態應滿足的量子條件。

回到哥本哈根後，一九一三年初，有朋友建議玻爾研究原子結構，應很好地聯繫和應用當時已有的豐富而精確的光譜學資料，這使他思路大開。透過對光譜學資料的考察，玻爾的思維和理論有了巨大的飛躍，他寫出了《論原子構造和分子構造》的長篇論著，提出了量子不連續性，成功地解釋了氫原子和類氫原子的結構和性質。

一九二一年，玻爾發表了「各元素的原子結構，及其物理性質和化學性質」的長篇演講，闡述了光譜和原子結構理論的新發展，詮釋了元素週期表的形成，對週期表中從氫開始的各種元素的原子結構作了說明，同時對週期表上的第七十二號元素的性質作了預言。

一九二二年發現了這種元素——鉿，證實了玻爾預言的正確。

❖《塔木德》智語

「嬰兒斷奶時，就應開始受教育。」

「牙牙學語的孩子，首先應該學會背誦這樣的詩句：『摩西將律法傳給我們，作爲雅各會眾產業。』」

天才的成功得益於早期家教

愛因斯坦、玻爾、洛克菲勒、哈默的成就，是世界上一千六百萬猶太人成功的縮影。教育專家認爲，他們的成功，無一不是得益於他們父母進行的早期教育。

愛因斯坦再偉大，也該感謝他的雙親。愛因斯坦取得的一切成就，都與他在童年時代受到了良好的家庭教育有關。他既得益於他母親的音樂薰陶，又得益於叔父的數學啓蒙，還得益於父親在他做出了蹩腳的小板凳後，仍加以鼓勵的情感教育。數學教育培養了他非凡的思維能力，而音樂薰陶則成就了他豐富的想像能力。

因爲父親是哥本哈根大學的生理學教授，玻爾從小受到良好的家庭教育，是他日後成功的根本原因。

早期的財富教育，造就了世界上第一個億萬富翁洛克菲勒，他對商業的敏感，幫助他的事業一帆風順，甚至他一生中重要的幾次行動和日後的經營風格，在他早年就能看到端倪。

總之，所有這一切，都來自猶太民族特有的早期家庭教育。

家庭宗教教育

古代猶太人極度重視對孩子進行早期教育，當然，那時的早期教育實際上是宗教教育。

古代猶太人的「先知」，以賽亞主張嬰兒斷奶時就應開始受教育。另一位偉大先知斐諾，也主張孩子在襁褓中，就應該知道上帝是宇宙的唯一神和創造者，讓他從小「感受上帝的靈氣」。

猶太人一般認爲，兒童剛學會說話，就應該教他說「西瑪」，並開始教孩子說：「聽著，以色列人啊，耶和華是我們的牧者，是唯一的神。」然後逐漸教孩子背誦祈禱文、箴言，學唱讚美詩。

早期希伯來教育和其他原始民族的教育一樣，尚處在萌芽階段，當時沒有正規的學校和教師，家庭便成爲孩子們接受教育的場所。

早期希伯來人家庭教育的主要內容是宗教神學，注重品德培養勝於傳授知識，尤爲注意兒童敬畏上帝，養成謙遜、節制、仁慈、誠實等特質。教育的直接目的是培養孩子對上帝的敬畏心理，以及身爲猶太人的使命感與優越感，啓發他們對正義與信念的獻身精神。

儘管當時的家庭教育還比較原始、比較狹隘，遠未形成完備的教育體系，但它卻在猶太民族的發展史和世界教育史上，占有一定的地位。「正是這種浸沉著濃厚宗教氣氛的家庭教育，使得每個猶太人家庭都是一個牢不可破的堡壘。正是這種把一切統攝在篤信上帝、充當上帝的子女的教育之下，使得猶太人儘管此後散居各地、被擄往異鄉，仍能繼續生存、發展，保持其傳統習慣、宗教信仰。」一位著名學者這樣說。

在「巴比倫之囚」時期，猶太人接觸先進的異族文化，在國破家亡的慘痛中追憶和反省歷史，同時整理和修訂上帝的律法誡命。與此相應，在祭司之外，一個文士階層開始形成。文士是經典的抄寫員、律法的解釋者和傳統的捍衛者。至波斯統治時期，他們與祭司共同領導重建聖殿和復興猶太教的工作。以斯拉規定每週一和週四公共誦讀經典的制度，使文士的地位有所提高，誦讀必然伴隨著講解和傳授。

至西元前四世紀，猶太人放棄希伯來語，改說阿拉米語，學習語言和翻譯經文成爲教育的重要內容。聖殿被毀後，各地出現的會堂逐漸成爲人們學習和禮拜的中心，精通律法的文士自然取得會堂的領導權，被尊稱爲「拉比」（老師）。會堂也成爲他們傳授律法的場所。

西元前三世紀，一些會堂開始招收兒童，辦班講學。這時的律法，也把青少年教育看成是保持民族傳統的重要環節，要求父母親盡可能早地開始對孩子的宗教教育，甚至要求孩子剛學會說話，猶太律法要求牙牙學語的孩子，首先應該學會背誦這樣的詩句：「摩西將律法傳給我們，作爲雅各會眾產業。」爾後要逐步學習背誦禱詞、聖詩、格言、諺語，及聖典上的一些簡單內容。如果父母有能力的話，幼兒時就應該教孩子識字，並學習書寫。

西元前一世紀，在會堂之外出現一些學校，主要向兒童傳授讀書識字的基本技能。大一些的孩子則進專門學校，有系統地學習猶太教經典。

西元前七五年，耶路撒冷猶太教公會族長西姆昂・本・舍塔赫頒布法令，規定猶太社區必須資助公共教育，十六、七歲的青年都要接受正式教育，教師由耶路撒冷任命。一個世紀後，第二聖殿最後一任大祭司耶霍舒阿・本・加姆拉重申前述法令，規定每一個猶太社團都必須設立學校，六歲至十歲的兒童必須入學，在老師監督下學習，並規定在各地任命教師的制度。這一法令標誌猶太教初級教育體制的建立。在此之前，兒童可在父親的耳提面命下學習，但是失去父親的兒童卻無人教育。現在律法規定每個社團都必須出資聘請教師，以保障所有的兒童都能受教育。這一傳統以後一直爲猶太人所繼承，並逐步爲世界其他民族所接受，成爲現代義務教育體制的先聲。

《塔木德》說：「願拉比耶霍舒阿．本．加姆拉因此善行而被懷念，如果不是他，《托拉》就會在以色列被遺忘。」

當時教學的目的就是學習律法，教材就是猶太教經典。在《阿伯特》中，拉比耶胡達．本．提瑪有一段指導意見：五歲開始學習《聖經》，十歲誦讀《密西拿》，十三歲接受誡命，十五歲研讀《塔木德》。通用的教學方法是背誦，先熟記後理解，有所謂「讀一百零一遍比讀一百遍好」的說法。教師在學生熟記後逐段講解，有時也採用討論的方法，鞏固所學的知識。鞭撻和體罰是允許的，認爲是獲取知識和增長才智的有效方法。

對兒童早期教育的高度重視，是古希伯來人重視教育的一個重要方面。

「先起步」的優勢

以色列的教育從幼兒開始，目的是使兒童的教育有「先起步」的優勢，特別是在兒童適應社會生活和語言發展方面。

一般情況下，幼兒從二歲開始接受教育，主要培養幼兒的語言表達能力、身體運動能力及對周圍環境的認知能力。三到四歲的兒童要進入系統的知識訓練。許多二歲幼兒以及幾乎所有三、四歲幼兒，都參加某種學前班的學習。學前班多數由地方當局主辦，有些學前班在日托中心開設，由婦女組織管理，其餘則是私立的。教育部專特撥款，資助貧困地區的學前教育。

爲五歲兒童提供的幼稚園，是免費和義務教育性質的。課程目的是教給兒童基本技能，包括語言和計算能力，培養認識和創造能力，並提高社會適應能力。所有學前教育課程均由教育部指導並監督，以保證爲未來學習打下堅實而全面的基礎。一些貧困地區的學前教育，要由教育文化部撥專款資助，因爲按國家教育法規定，這一年是免費義務教育的開端。

據一九八六年由英國出版的《中東經濟手冊》統計，以色列六歲兒童中，接受學前教育的達97％，這一比例在世界上名列前矛。

一九九三年至一九九四年，在以色列學前教育系統學習的兒童達三十二萬名，年齡在二歲到六歲之間，占適齡兒童的90%以上。

以色列的學前教育成就，很早就引起了聯合國及一些國際教育機構的關注。國際教育計畫學院在二十世紀七〇年代末到八〇年代初，所作的比較研究中指出，以色列的幼稚教育系統最爲完善，其數量與質量均令人滿意。

發達的學前教育，不僅使孩子們從小就開始接受基本知識教育，而且培養了他們的創造能力、判斷能力、分析能力、學習能力、社交能力及審美能力，使兒童從小養成熱愛知識、熱愛集體、熱愛勞動、遵紀守法以及講究公德的良好習慣。

經典故事

「核和平之父」西拉德

一九六〇年的美國《哈伯斯》雜誌上，講了一件有趣的事：

在一個大學教授參加的聚會上，有人要求客人們寫下他們認爲在近代史上起了特殊作用的人，要求是所選的人物，必須在他那個時代起了任何人都不可替代的作用。根據得票的多少，選出的前五個人依次是：林肯、甘地、希特勒、邱吉爾和西拉德。

那麼，這位西拉德是何許人也？

他是事實上的「原子彈之父」，其對原子彈的瞭解與貢獻，不亞於奧本海默。同時，西拉德也是「核和平之父」，正是他和愛因斯坦的共同努力，才使美國政府下決心成立鈾委員會；也正是他和愛因斯坦的努力，才使戰後美國拉開了反對核軍備競賽的序幕。

對於他的成功，西拉德曾說過：「許多人並不瞭解自己的一套價值觀來自何處，而我的價值觀的來源卻很清楚，這就是我的母親小時候給我講的那些故事。我對眞理的愛，全部來源於這些故事，我樂於爲拯救世界做些事，全部是受這些哲理故事的啓發。」

2早教從父母教育開始

經典故事

媽媽的榜樣

戴爾電腦公司的總裁戴爾，上小學時酷愛集郵。

他曾悄悄地到街頭的餐館打工，用賺來的錢買郵票。他發現同一張郵票能賣出不同的價格，而且差別不小。

那時候，戴爾的媽媽經常買賣股票，賺了不少錢。媽媽得意之餘，經常在晚餐後向全家「炫耀」自己的成績，這給年幼的戴爾留下了深刻的印象。

「媽媽用股票賺錢，我難道不能靠拍賣郵票賺點錢？」戴爾突發奇想。

十二歲的戴爾說服小伙伴，把各自的郵票交給他處理，然後又在雜誌上以「戴爾郵票社」的名義刊登廣告，還用電腦列印郵票目錄四處寄發……

充滿好奇心的戴爾巧遇郵票價格攀升，他靠郵票賺了兩千美元！

小提琴大師梅紐因

小提琴大師梅紐因還沒有滿兩週歲，父母就抱著他去聽交響音樂會。剛開始，梅紐因總是在睡覺，時間長了，小傢伙聽到音樂一響就醒過來了，對樂隊的表演很有興趣。樂隊的演奏員全都認識，並且非常喜愛這個不同尋常的小聽眾。

梅紐因的母親酷愛音樂，既會彈鋼琴又會拉大提琴。梅紐因年滿五歲時，就開始了小提琴生涯。

由於梅紐因的兩隻小手天生短粗，因此學琴生涯非常艱難。每當他氣餒時，母親都會給他極大的鼓勵。在嚴格的訓練和多位名師的指導下，梅紐因終於獲得了巨大的成功。

❖《塔木德》智語

父母要「教養孩童，使他走當行的道，就是到老，他也不偏離」。

當你死後，走到天堂的門口時，天使長會以一句：「你在世時，是否每日殷勤教訓你的兒女讀《聖經》？」來決定你是否進天國。

父親是上帝委派的第一位教師

美國著名作家馬克．吐溫寫道：「猶太人家庭在學問方面應受到高度評價，在這方面，非猶太人的家庭相形見絀。這個因素，構成了其他一切差異的基礎。」希伯來人非常強調父親對子女的教育。在他們看來，父親是上帝委派的第一位教師。父親的職責不僅僅是要把子女撫養長大，而且要第一個把神聖的契約與律法傳授給他們，教會他們如何做一個猶太人。

父親在家庭教育中的特殊地位，也許與當時希伯來人所處的社會階段有密切的聯繫。因爲隨著遷出埃及和對迦南地區的征服，希伯來人逐漸由遊牧文化轉入農業文化。父權制社會逐步形成，家庭成爲較爲穩定的社會組織，父親便成爲家庭中的核心人物。既然教育子女是「神所吩咐的誡命」，這一崇高的責任自然就落到了父親的肩上。《聖經》中四次提到，父親有責任將從埃及出來的事、上帝吩咐的法度、律法和典章告訴他的兒子。這反映原始的教育狀況，不論是宗教禮儀還是生活技能，都需要父親傳授。

經典故事

父親是人生的一部大書

「父親，您的獨立自持能力好強啊，才十三歲，您就以自己的早熟和勤奮，充當了同學們的私人教師，從而維持自己的生活。

「父親，您是那樣的熱情好學，德語是家庭用語，俄語是國語，法語是學術用語，義大利語是貴族用語，世界語、波蘭語、塞爾維亞語，您一共通曉十幾門語言，眞是太偉大了。同時，您不但學習文學，還學習醫學，還深諳數學、生理學，還有農學。

「父親，您深受托爾斯泰的影響，後半生戒除了菸酒和肉食，成爲一名素食者和人道主義者，南方公路、堪薩斯農場、塞拉斯山峰，到處都留下了你的身影……

「父親，您做過工廠的學徒，您當過農民，您曾在商店裡做過清潔工，您創造了機遇，抓住了機會，經過艱苦的努力，成了一名合格的中學教師，最後竟成爲聞名世界的哈佛大學教授。

「父親，您是人生的一部大書。」

上面一段話的作者，是世界「控制論之父」的諾伯特·維納——美國最著名的學者之一，曾受教於二十世紀最偉大的數學家羅素和希爾伯特。

父親是維納心中的楷模。維納親眼看見，父親在兩年內完成了托爾斯泰二十四卷的翻譯工作，因而拖垮了身體。父親淵博的學識與堅強的意志，影響了維納的終生。

這樣的父親有這樣的兒子，是順理成章的事。

父母的「不言而教」是最好的教育

早期希伯來教育十分強調家庭環境，及父母的言傳身教對子女的影響。當兒童從學校教育中獲取廣博知識之後，能否把這些知識付諸實際，並以此來約束自己的言行，家庭對此負有監督責任。

猶太人認爲，父母的「不言而教」才是最好的教育。生活中，父母的言語、行爲和姿態，會自然而然地傳遞給孩子，從而影響孩子的能力與性格的形成。父母日常的所作所爲，就是對孩子的身教。

沒有什麼比強制和壓迫更能抑制孩子自覺性的了，父母的暗示教育，是最爲孩子所接受的教育方式。

《聖經・申命記》中多次提到「要告訴你的兒女們」，第六章中說：「聽著，唉，以色列，耶和華，我們的上帝，是唯一的主，你要盡心盡性，盡力愛耶和華，你的上帝。我今日所吩咐你的話，須銘記在心。也要殷勤教訓你的兒女。」

《聖經・箴言》更明確地告誡以色列人，要把教育兒童作爲畢生最重要的事情，書中說，「父親要給子女的教誨，就是智慧之言」；父母要「教養孩童，使他走當行的道，就是到老他也不偏離」。而孩童則「要聽你父親的訓誨，不可離棄你母親的法則」。還說：「不忍用杖打兒子的，是恨惡他。疼愛兒子的，隨時管教」。

猶太人之所以如此強調成人對子女的教誨與指導，是因爲他們很早就意識到了，虔誠、平和、優雅的個人性格，是後天教育的結果，而後天教育是越早越好。從總體上看，這一時期的教育是宗教的組成部分之一，主要透過孩子父親的口頭和非正式的方式傳授。

在近代，猶太人的教育責任是落在母親身上。母親對猶太人而言，是一項尊貴的頭銜。她們是整個家庭教育的靈魂人物。她們知道眞正的智慧是在上帝那裡。她們教育成功的眞正原因，是因爲她們相信《聖經》，而且相信這位又眞又活的神是智慧的源頭，所以她們常到上帝面前尋求智慧。

經典故事

媽媽的言傳身教

有一天，美國一個年輕的猶太媽媽和她的兒子去街上買東西。在公共汽車上，一位青年擠進車廂，身上背著一個大書包，重重地在這位年輕媽媽的臉上碰了一下。

兒子問：「媽媽，痛不痛？」回頭看了那位青年一眼，又嚷了一句：「眞可惡！」

年輕的媽媽平靜地說：「不，這位叔叔不是故意的，不能這樣說叔叔。」這時，那位青年也連聲說「對不起」。兒子看著、聽著，點頭笑了。

沒過幾天，媽媽下班後到學校去接兒子，發現兒子的下嘴唇腫得很厲害，皮都破了。媽媽自然很心疼，就去問老師是怎麼回事，老師也很奇怪，因爲她既沒有聽到孩子哭過，也沒看到他來報告。問他爲什麼不告訴老師，他對媽媽說：「媽媽，小朋友不是有意碰我的呀！他已經很害怕了，我再去告訴老師，他會更加害怕的。」

媽媽的言傳身教，使兒子懂得了謙讓待人、諒解別人。

父親的影響

雅可布・佛洛伊德是一位心地善良、助人爲樂的猶太商人。後來，佛洛伊德有一次談到他父親的爲人時說，他是一個樂天派，「始終都充滿著希望地期待著未來」。

雅可布・佛洛伊德總是好心地看待別人和周圍的事物。他雖然經商，但爲人誠實、單純。這些性格，對佛洛伊德有很大的影響。

佛洛伊德的朋友鍾斯爲了寫佛洛伊德的傳記，問佛洛伊德的女兒安娜：「什麼是佛洛伊德的最突出的性格？」安娜毫不猶豫地說：「他的最突出的特性，就是他的單純。」

佛洛伊德從父親那裡繼承而來的這種突出的性格，一直伴隨了他的一生，並體現在他的一舉一動上。

佛洛伊德的父親傳給佛洛伊德的性格，對於佛洛伊德的研究工作和思想方法，產生了深遠的影響。佛洛伊德的這種性格，在他的漫長的一生中，由一種單純的生活習慣，慢慢地發展成一種思想方法和世界觀。

佛洛伊德之所以能將極其複雜的精神現象，分析成最單純的「潛意識」和「性動力」，就是因爲他酷愛事物的單純化結構，並因而懷抱著某種想把一切都還原成最簡單的元素的願望。在佛洛伊德看來，不僅萬事萬物都是由最簡單的元素組成的，而且，即使是它們的那些在表面看來極其複雜和令人眼花繚亂的變化，也必然遵循著一條極其簡單的規律。

教育孩子的藝術

猶太人很講究教育的藝術。他們有句至理名言：「要按照孩子該走的路，來充分地訓練他。」猶太人認爲，一個孩子能看懂《聖經》，卻看不懂《猶太法典》，那麼就不能試圖透過教他《猶太法典》來促進他進步。如果他看得懂《猶太法典》，就不要逼他學《聖經》。要在他可能懂得的事情上訓練他。

在教育孩子時，猶太人們認爲，如果老師教的課學生不理解，那麼，老師不應該大發脾氣或對學生們發火，應該反覆重複課程，直到學生們完全理解並掌握爲止。

在學習過程中，猶太人認爲，一個學生在聽了好幾遍課之後才能掌握所學的，他不應該在那些只聽一、兩遍課就能掌握的同學面前感到羞愧。

可見，從古代開始，猶太人就知道對孩子進行分級教育。

但是，這個學生的不理解，只能是因爲課程本身難，或者是由於他們的智力不足的情況。如果學生在學習時粗心大意和懶惰，那麼老師就應該斥責他們，並由此而激勵他們。這就是老師的責任。

但是，老師不應強行給孩子們上重軛，因爲指令只有在輕鬆愉悅地傳達時才有效率。要給孩子們小小的獎勵來讓他們高興。一個專心的學生會自己閱讀，如果一個學生不專心，那麼就把他安排在一個勤奮的學生旁邊。

一個老師應該在他的學生面前露出「破綻」，透過提問，激發學生們的才智，並探知學生們是否記住了他所教的東西。

父母的職責就是觀察孩子的好惡，給予孩子所需要的、積極的正面刺激。強迫孩子接受他不感興趣的事物，只會起到負面的作用。

很多的教育家認爲：不言而教的教育才是最好的教育。自己的孩子能說本國國語，任何父母也不會認爲是自己教了才會說的。事實上，這就是一種不言而教的教育。在生活中，父母親的言語、心態、動作，會很敏感地傳給孩子，形成孩子的能力與性格。母親的日常生活狀態，就是對孩子的身教。母親教給孩子的某種事物，固然是教育的手段之一，但不是所有的教育方式。

教育家曾說過：沒有什麼比不用強制壓迫，而給予正當動機的教育，更能收到良好的教育效果了。唯有父母親用心給予孩子深切的理解，才是正確的教育。

採取強制或勉爲其難的方法教育幼兒是有害的。在童年期的兒童，特別容易受到暗示教育的影響。這個時期正是爲父爲母者悄悄潛入兒童之中，用他的意志激發兒童的意志，使兒童發生變化的關鍵時期。

方法得當，事半功倍

猶太人對孩子的品德教育，從很小就開始了，一方面用言傳身教的辦法，另一方面寓教於樂，當孩子遇到類似事件時，就事論事，既形象又直觀，很容易在孩子的心靈中留下深刻印象。

像下述故事中的父親，他並沒有直接告訴孩子不要犯罪，而是用冷水浴比喻犯罪，告訴孩子一開始犯罪時，其感覺是興奮的「啊哈哈」，然後會是後悔而吃驚的「哎呀」，從而啓發孩子不要犯罪。

由此可見，教育子女，方法非常重要，方法得當，可以事半功倍。

經典故事

一雙木鞋

著名經濟學家戴衛‧李嘉圖是一名猶太人。在他九歲時，有一次，父母帶他去商店。他在一家商場的櫥窗裡看到一雙帶皮毛的皮鞋非常漂亮，非常喜歡，於是吵著要父母買下。母親同意了，但是父親一直不同意，他認爲那雙鞋不適合孩子穿。戴衛哭鬧著，執意要買，最後父親同意了，但要他承諾，買了必須穿。

買了以後，戴衛發現是一雙木鞋，走起路來喀噠噠響，非常不舒服，確實不適合長時間穿。爲了滿足自己的虛榮心，卻受了很多罪。到了這時候，他才知道父親不讓買的原因。

那時候，爲了擺脫這雙鞋子，戴衛願意付出一切代價。

善良的父親再也沒有逼戴衛穿這雙鞋，但戴衛沒有原諒自己。他把那雙鞋掛在自己房間容易看到的地方，讓它時時提醒自己再也不要任性、不要貪圖虛榮。

冷水浴和犯罪

一個猶太父親帶兒子去澡堂洗澡。當兒子艾什卡站在蓮蓬頭下打開開關時，冷水一衝而下，艾什卡不由得大叫：「哎呀，爸爸，太冷了！」

父親趕緊把艾什卡拖過來，幫他披上厚厚的毛巾被。

「啊哈，太舒服了，爸爸，啊哈！」艾什卡愉快地叫著，身子蜷縮在毛巾被裡。

「艾什卡，」父親做出深思的樣子，對兒子說道，「你知道冷水浴和犯罪之間的距離嗎？」

「當受到冷水衝擊的時候，你發出的第一個聲音是驚叫聲『哎呀』，暖和後才是舒服的『啊哈哈』。但當你犯罪的時候，你的第一個反應是興奮的『啊哈哈』，然後一定是『哎呀』了。」

3猶太人早期天才教育法

經典故事

「特殊天才」費曼

費曼是第二次世界大戰後最著名的理論物理學家，獲得一九六五年諾貝爾物理學獎。他創造的「費曼圖」，被人們和電子零件中的「矽片」相提並論，二者都大大提高了電腦的運算速度。

諾貝爾獎得主漢斯．貝特說：「天才有兩種：普通天才完成了偉大的工作，但人們覺得那項工作別人也能完成，只要下了足夠的功夫就行了。特殊天才，他做的工作別人無法完成，而且無法想像。」貝特認爲，費曼屬於後者。

那麼，費曼的這種天才是如何產生的呢？

費曼的父親麥爾維爾是白俄羅斯的明斯克人，年輕時就對科學產生了濃厚的興趣，可是他沒有足夠的經濟來源，來實現做物理學家的夢想。在費曼出生之前，他就對妻子說：「如果生個男孩子，他一定能當個科學家。」爲了確保自己的預言能實現，他盡了最大的努力。

當費曼還坐著幼兒專用的高椅子時，麥爾維爾就買了一套浴室用的白色和藍色瓷磚。他用各種方法來擺放它們，教費曼認識形狀和簡單的算術原理。

稍大一些，父親不僅幫費曼在家中建立了自己的「實驗室」，而且還指導他開始修理收音機，後來費曼成了修理收音機的能手。

父親還教會費曼怎樣思考。他讓兒子設想遇見了火星人，火星人肯定要問很多關於地球的問題。比如說：「爲什麼人在夜裡睡覺呢？」、「你怎麼回答這個問題呢？」

當費曼長大一些時，麥爾維爾就帶他去博物館，並且給他讀《大英百科全書》，然後用自己的語言耐心地解釋。後來費曼愉快地回憶道：「沒有壓力，只有可愛的、有趣的討論。」費曼對百科全書上的科學和數學文章尤其感興趣，很快就開始自己學習《大英百科全書》了。他還從閣樓上找到一本舊課本，照著課本自學起幾何。

費曼在二十四歲時獲得博士學位，二十八歲擔任了美國康乃爾大學教授，四十七歲獲得諾貝爾物理學獎。

❖《塔木德》智語

「孩子在襁褓中，就應該知道上帝是宇宙的唯一神和創造者，讓他從小感受上帝的靈氣。」

重視模式學習

猶太「先知」們認爲，嬰兒在零歲至三歲之前，與他餘下的人生獲取知識的方式不同：前者是一種模式學習，即「無意識學習方式」，後者則被稱之爲「主動學習方式」。

猶太人特別重視孩子的「無意識學習方式」，即孩子的無意識模仿學習。重視「模式學習」是猶太人獲得高智商的最重要因素。

一位名叫洛倫斯的猶太生物學家，曾做了如下實驗，證明生物也有類似現象：他將一些剛剛出生不久的小鴨子與牠們的母親分開，讓牠們分布在他的周圍，他在牠們周圍踱步。後來，當他故意走開時，那些小鴨子都會跟著他走，原來這些小鴨子把他當成了牠們的「媽媽」。此後，再把牠們的母親放出來，儘管母鴨對小鴨子百般「示愛」，但小鴨子卻「視而不見」，不再理睬牠們的媽媽。

原來，小鴨子存在一個認親關鍵期，這個關鍵期是小鴨子出世後的十幾個小時，在這個關鍵期內首先出現的動物，會成爲牠們的「媽媽」。這就是動物的「追隨現象」。

猶太教育專家說，嬰兒有辨別母親的面孔與聲音的能力，而機器人無論多麼先進，也不能達到這一點；機器人會潛水，能下西洋棋，卻無法認識一個人的臉。

嬰兒的這種模式記憶能力，既是最原始的，更是最高級的智能。早期教育要重視嬰兒的這些卓越能力，使孩子最爲珍貴的能力得以保存。

天才是人人都有的一種能力

資深的猶太教育專家約瑟伯約說：一棵樹在理想的生長條件下，能長到三十公尺高，我們就說這棵樹的「潛能」是三十公尺。同樣地道理，一個兒童，如果按照理想狀態成長，能夠發展一百度的能力，那麼我們就說，這個兒童具備一百度的「潛能」。具有這種「潛能」的人就是天才。

因此，天才並不是我們常人所認爲的，那種只有少數人才有的稟賦，而是人人都有的、潛藏在每個人內部的一種能力。如果教育得當，就算生下來只有五十的智力偏下的孩子，他未來的智力，也會優於生下來稟賦爲一百五十而得不到有效教育的孩子。

教育的目標，就是使兒童的潛能達到最高，並得以充分發揮，只要充分發揮出這種潛在能力，他們就能做出不平凡的事業來。

在現實生活中，令人遺憾的是，很多孩子由於教育不得法，他們的潛能沒有得到一點發揮，以至於智力不好，然後，世人會說這孩子天生智力不好，差一點兒的還被視作「癡呆」，甚至被社會所拋棄。

如何塑造天才

前人爲我們做出了最好的榜樣，那就是從孩子出生的那一天起，從生活的各方面做起，儘早挖掘出孩子的潛能。

嬰兒期的孩子猶如一張白紙，成人在上面「畫」什麼樣的畫，就會產生什麼樣的圖畫。又如做瓷器的泥土，用什麼樣的「模型」就做出什麼樣的陶瓷。

猶太教育家說，父母應該瞭解，幼兒的教育與成人的教育方式並不相同，目前有些專家發現，六歲以前大腦所發出的腦波，大都爲阿爾法波（α波，每秒波動數爲八菲爾到十四菲爾）。這種強烈的腦波，能夠幫助兒童學習新事物，而且能夠直覺地、全盤地加以吸收，因此，這時期的記憶能力可以說最爲發達。如果孩子這段期間移居國外，可以學得與外國孩子一模一樣的發音和語調，學習的效果也可以說是事半功倍，最爲理想。莫札特之所以三歲就會彈鋼琴，主要還是出生後就不斷地聽他的姐姐經常練習彈奏名曲，自小聽多了，自然就牢牢記住這些曲子，所以「音樂世家」（其他世家也一樣）最易培育傑出的英才，其理由也在此。

六歲之後，大腦所發出的腦波主要是貝塔波（β波，每秒約爲十四菲爾到三十菲爾）。這種腦波主要在幫助判斷和推理，本身並無學習的能力。因此，六歲以後的學習，主要都是有意識的學習，而且大都屬於推理性的記憶，在學習時均須逐項地加以認知，然後再設法加以記憶。因此，記憶能力與六歲以前所特有的直覺性記憶相比較，自然相差甚大。這就是爲什麼人長大後，再學外文或記詩歌，總是覺得事倍功半、效果不彰，理由便在此。

因此，小學以後屬於說教和推論的教學方式，並不適用於學前階段的幼稚園。

對於幼兒，我們必須注意使用直覺性和感性的教學方式，讓幼兒明瞭這些教材所代表的意義之後，便直接去記憶。如果要教他們目前還難以體會的詩詞之類的教材，則不必過分強調兒童事先必須完全瞭解其中的內容或意義，他們只要牢記了這些材料，將來長大、經驗成熟之後，自然會加以領悟和貫通的。

父母應當發揮愛心，注意教育年幼的兒童，而且經常在行爲舉止談吐方面，給予兒童最好的榜樣，講話時要說標準的發音、優雅的措詞，表現出高尚的儀態、道德的行爲以及良好的習慣，如果能夠這樣經常以身作則，長期薰陶的結果，兒童必然可以在無形中潛移默化，得到最佳的教養。

爲了孩子的成長，父母每天應該擠出一定時間陪孩子，聽孩子講話，講故事給孩子聽，與孩子一起從事孩子感興趣的活動，指導孩子認字，或帶孩子到大自然中去，讓他認識大自然中的事物和它們的原理，並鼓勵孩子多發問、多尋求眞理，增加孩子的生活經驗。

經典故事

愛因斯坦的成長

一八七九年三月十四日，德國烏爾姆小城，誕生了一個世界偉人——愛因斯坦，愛因斯坦的雙親都是猶太人。

在愛因斯坦的幼年，父親的大自然教育和母親的音樂教育，培育了愛因斯坦的無窮想像力。

小愛因斯坦落地不久，父親赫爾曼．愛因斯坦先生在烏爾姆的小本經營，就遇到了麻煩。帶著對未來的憧憬，一八八〇年，赫爾曼全家遷居到慕尼黑，他們的新企業開了張。但在一八九四年，赫爾曼．愛因斯坦先生又一次不得不帶領全家，去義大利尋求新的謀生之道。

在赫爾曼．愛因斯坦先生的經歷中，慕尼黑的十四年，慘澹經營，充滿苦澀的味道；可是對於小愛因斯坦，這卻是溫暖、安寧、幸福的十四年。從一個懵懵懂懂的嬰孩，到一個初具知識、略顯個性的少年，乃至愛因斯坦之所以能在日後震驚世界，慕尼黑的時光總是值得回味的。

慕尼黑是德國第三大城市，巴伐利亞州首府。巴伐利亞海拔約五百一十九公尺，南距阿爾卑斯山邊緣四十八公里，伊薩爾河從市中心穿過。慕尼黑德語稱「明興」，意爲「僧侶之鄉」。約西元七五〇年建立隱修院，標誌城市的發端。後來又興建了許多文藝復興式建築，風格多樣，景色迷人，歷來被認爲是歐洲最美的城市之一。

慕尼黑郊外，遍布清新的田野和幽靜的森林。愛因斯坦一家的住處位於慕尼黑郊區的林德林地區，濃蔭蔽地、綠茵環抱。天性浪漫的赫爾曼・愛因斯坦先生做生意之餘，最愛做的事情就是帶領全家郊遊，有意識地讓孩子們接觸大自然。

小愛因斯坦似乎天生醉心於大自然，他常常瞪著兩隻好奇的眼睛，緊閉雙唇，默默地跟著父母，默默地注視著眼前的自然景色。自然界的美與神秘，一次次衝撞著愛因斯坦的心扉。大自然的靜謐，養成愛因斯坦獨自沉思的生活、研究方式，也給了他無窮的靈感、啓迪，給了他排除人世紛繁煩惱的慰藉。直到以後，愛因斯坦也總是尋求遠離繁華都市的鄉村作爲居住地。

毫不誇張地講，愛因斯坦日後無與倫比的創造性思維，正源自於他對生生不息的大自然的感應和醒悟。就像德國古典的園林毫無創造性，只有拙劣的模仿一樣，沒有身處原始自然風光中的自由呼吸，人是很難讓個性自由伸張、讓思維迸發出創造火花的。

愛因斯坦的母親，像大多數猶太女性一樣，賢慧能幹。她的家境優裕，受過良好的教育，文化修養極高，愛文學，更愛音樂。

在愛因斯坦六歲到十三歲的這段日子裡，由於他那擁有音樂天分的母親的鼓勵，他一直持續著學習小提琴的課程。愛因斯坦後來成爲一個不錯的小提琴家，並且終其一生熱愛演奏。

說起愛因斯坦與音樂的故事，人們都不會忘記一幅著名的漫畫：愛因斯坦的臉被畫成一把小提琴，琴弦上既有音符，還有那個著名的物理學公式：$E=MC^2$。音樂，以它那溫柔而深邃的懷抱，接納了愛因斯坦，讓他吸吮著人類文化最甘甜的乳汁，給他一個安寧的精神家園，也給了他日後作爲一代物理學大師的超凡想像力。

愛因斯坦不僅僅屬於科學，科學也並不是與藝術毫不相干。對於偉大的科學發現來說，抽象的邏輯思維倒總是驗證非凡想像力的工具。所以，愛因斯坦始終沒有成爲數學公式的奴隸，「我相信直覺和靈感。……有時我感到是在正確的道路上，可是不能說明自己的信心。當一九一九年日蝕證明了我的推測時，我一點也不驚奇。要是這件事沒有發生，我倒會非常驚訝。想像力比知識更重要，因爲知識是有限的，而想像力概括著世界上的一切，推動著進步，並且是知識進化的泉源。嚴格地說，想像力是科學研究中的實在因素。」

科學和藝術的互補性與統一性，使音樂成爲愛因斯坦的「第二職業」。他總是身不離提琴，甚至參加柏林科學院的會議，也要隨身帶著琴盒，以便會後拜訪普朗克、玻爾時，能在一起拉拉彈彈。在緊張思索光量子假說或廣義相對論的日子裡，愛因斯坦一旦遇到困難、思索陷入困頓時，他就會不由自主地放下筆，拿起琴弓。那優美、和諧、充滿想像力的旋律，會在無形中開啓他對物理學的思路，引導他在數學王國，作自由、創造性的遐想。音樂往往催化出愛因斯坦的科學創見和思維火花。在音樂的自由流淌中，深奧的理論物理學有了美妙的旋律。

愛因斯坦與同時代的物理學家們，有過許多理論上的爭吵，也有深厚的並肩戰鬥的友誼。在他們的交往中，音樂常常起到妙不可言的作用。

愛因斯坦和荷蘭萊頓大學物理學教授埃倫費斯特是終身摯友，但在相對論問題上，又總是爭論不休。遇到無法統一的爭論，兩個好朋友會自動休戰。愛因斯坦在埃倫費斯特的伴奏下，提琴演奏定是光彩四溢。有時，一支樂曲奏到一半，愛因斯坦會突然停下，用弓敲擊琴弦，讓伴奏停止演奏。或許是一段優美的旋律觸動了靈感，爭論又開始了。爭著、爭著，愛因斯坦又會突然停下，逕直走到鋼琴邊，用雙手彈出三個清澈的和絃，並強有力地反覆敲打這三個和絃，像是在敲「上帝」的大鐵門：「噹！噹！噹！噹！」彈著、彈著，「上帝」之門打開了，沈默的大自然與這些虔誠的探索者接通了資訊管道。兩個好朋友笑了，歡快悠揚的樂曲又響起來了。

愛因斯坦畢生癡迷音樂，尤其癡迷西方古典音樂，酷愛巴哈、莫札特、貝多芬的作品。應該得出的答案是，從童年就鍾情於音樂的愛因斯坦，早就視音樂爲靈魂的安息地，它就是和諧、就是完美。和諧、完美是眞實的基礎，是人生的目的。

訓練眼睛是開發智力的第一步

嬰兒出生的幾天內，他的小眼睛就會睜開了，這時他的視力非常差，看不清遠處的東西。他能看清的只有自己母親的臉，興奮的母親往往會長時間注視自己的「小寶貝」。由於多次觀看，母親的「輪廓」會深深留在孩子的腦海裡，這是孩子的「模式學習」的結果。

猶太教育家利維坦的獨生子是一名「天才」，在談到他的育兒經時，他說：

「嬰兒稚嫩的眼睛，對顏色極爲敏感，有效地訓練孩子的眼睛，是開發孩子智力的第一步。我第一次抱起我的兒子時，我發現他沒有看我，而是很費力地向側面看，我感到非常奇怪，我順著他目光看過去，才發現他看的是我們剛買的嬰兒車，是彩色的，我才明白孩子對顏色的敏感。

「從此以後，我提醒太太，讓孩子首先認識色彩。我們讓他首先看那些彩色的物品，如氣球、布娃娃、鬧鐘。我們還引導他看電視畫面，經常抱他出去接觸大自然，接觸五顏六色的大千世界。我們給他餵奶的奶瓶有很多種顏色，每一次餵奶用的奶瓶的顏色也不同。

「我們發現了一個非常有趣的現象：兒子還偏愛某種顏色，當用他喜歡顏色的奶瓶餵奶時，他總是表現出很快樂的樣子，他會用兩隻小手緊緊地抓住奶瓶，而且食欲也特別好，因此我們就經常用他喜歡的顏色給他餵奶。

「我們還爲他買來各種顏色的小鈴鐺，用細繩子拴在他的手腕上，隨著手的運動而產生聲音，孩子又表現出很高興的樣子。爲了讓孩子分辨這些顏色，我們每週給他換一種顏色的小鈴鐺，並反覆告訴他這種顏色。後來，他伸手試圖抓這些鈴鐺，於是，我們幫他拿到這些鈴鐺。透過這種方式，在不長的時間裡，他記住了各種顏色。

「孩子稍大一點兒，我們買來畫報、助學卡片等給他看，現在，我開始盼望他能學到些什麼，想讓這些色彩進入他的心靈，開發他的智力。兒子最初只是注意物品的顏色，漸漸地，他開始懂得些什麼，我們非常高興，逐漸加大了圖片的難度，我發現他的進步非常快。我的兒子就是這樣一點點進入這個世界，並與這個世界進行交流。透過眼睛，這個世界在他的心目中一點一點豐富起來。這種教育方式最為直觀、最有效。」

猶太家庭的孩子是幸福的。作為孩子的啓蒙老師，他們的父母總是能為自己的孩子挑選一些五彩繽紛的小球或者小積木，這些都是孩子們喜愛的玩具。透過這些玩具，就能加速發展孩子的色彩感。

為了發展孩子對色彩的感覺，很多媽媽還會為孩子買來檢查色盲所用的「檢測色系」，作為孩子的玩具。用這種玩具可以讓孩子玩各種遊戲，從而提高孩子——尤其是男孩——的顏色感覺。因為男孩與女孩相比，觸覺靈敏而色感遲鈍。所以如果不從小培養男孩的顏色的感覺，那麼他們成人後的色彩感將會非常遲鈍。

猶太民族的每一個的家庭，總會爲他們的孩子準備一盒蠟筆，這盒蠟筆便是孩子們獲得色彩感的最好工具。他們的家長既可以用它教會孩子認識顏色，還可以教孩子繪畫，加深父母與孩子的感情，促進孩子智力的發展。

豐富的語言刺激提高孩子的智力

猶太教育專家認爲，儘早地教會孩子說話，是發展孩子頭腦靈活的有效手段。因此，父母必須早日發展幼兒的語言能力，因爲語言能力乃是一切學習的基礎和工具，語言能力的高低，與智力測驗的成績關係極爲密切，語言能力愈高，將來大都能夠學得更多、更快，而且不管做什麼事，都比較容易成功，因此，父母應該與兒童多講話、讓他多聽、多說、多學外文，而且買大量的故事書或卡片給他看，並教他認字，以便奠定未來成功的基礎，但不必教他寫字。因爲許多專家都認爲，應該等到入小學以後，肌肉控制能力較純熟時，才開始學寫字比較適當。

猶太教育學家巴維總結自己對孩子的早期教育時，說：

「人的一生教育，再也沒有比嬰兒期更爲重要的時期了。我們應該千方百計地，讓孩子的頭腦和身體得到充分而全面的開發。所謂孩子頭腦的開發，就是指儘早地開始教孩子學習語言，因爲語言是思維的工具，如果不能儘早開始教孩子語言，孩子的頭腦就得不到很好的開發。我們若是在孩子六歲前加緊準確的語言訓練，那麼這個孩子的智慧一定發展得很好。」

孩子從嬰兒期起，就開始注意人的聲音和物品發出的聲響，從這一點可以看出，對孩子進行早期語言教育是十分必要的。

科學實驗證明，嬰兒從六週開始，就已經懂得聲音，並對紙上的東西產生興趣，儘管他們不懂內容，但是只要與他們說話或給他們朗讀，他們就會做出反應。在猶太人家庭中，孩子從嬰兒時起，大人就認爲他們能聽懂話，非常有耐心地與他們講話。

很多猶太教育研究人員認爲，多與幼兒談話，即使他們因爲太小還不會回答，仍然有助於啓發他們的智力，使他們變得更加聰明。

耶路撒冷希伯來語言中心的華德博士說，爲人父母者每天至少要花半個小時，與他們談一些有趣味性的事情。父母在和幼兒談話時，最好消除所有背景的雜音，以免幼兒分心。

猶太教育專家曾作過這方面的研究：對滿二歲的兒童做智慧測驗，過了三年之後，孩子滿五歲時，對他們再做同樣的智力測驗，以便比較他們的智力差異。結果發現他們的智力發生了分化。於是，研究人員對智力上升和下降的孩子，進行綜合性調查。他們發現，在父母的職業、收入、居住環境等條件大體相同的情況下，孩子的智力發展的快慢，主要取決於父母與子女談話次數的多少及語言的準確程度，那些說話相對「嘮叨」的母親的孩子的智力較高。也就是說，幼兒的豐富的語言刺激，是提高孩子智力的主要手段之一。

對孩子們來說，最初的人際關係，大多是母子關係。母親在孩子的語言發展過程中，扮演著重要而且不可缺少的角色。

那些「嘮叨」的母親，沒想到會獲得猶太教育專家的賞識，當然，她們有的是有意識的，也有本身本就如此的。

專家們建議媽媽們，經常對著幼小的孩子自言自語地說：「我的小寶貝，快看，太陽出來了，多溫暖呀！」、「小寶貝，時候不早了，該起床了！」類似的一些瑣碎話語，往往成爲刺激孩子語言發展的重要因素。

母親們都喜歡抱著或背著孩子，由於身體緊緊貼在媽媽的身體，因此他們會獲得一種安全感，這時，孩子的視線與母親幾乎一樣高，比坐在嬰兒車中，更有機會與母親溝通，這對孩子的語言發展具有積極的意義。雖然孩子常常辭彙貧乏，甚至幼稚笨拙，做父母要有耐心、要不厭其煩地與孩子交談，聆聽孩子的牙牙之語，並且隨時加以指導。

我們知道，孩子大都喜歡說話，有時候話還很多，這是因爲他有一種強烈的求知欲與溝通欲望，在促使他想得到或明白更多的東西。作爲父母也要有強烈的願望，讓孩子多學一些動作。我們如何來教育我們的孩子儘快掌握語言，並且自如地駕馭語言，這是初爲人父母應學的第一課。

一位成功的猶太人母親高塔曼說：「我們在教孩子語言時，語法並不是特別重要。在教孩子說話時，我只是把一些單詞反反覆覆地說給孩子聽，同時還把孩子所能理解的、有趣的故事，用精選的詞句組成短文，讓孩子記住，孩子不僅能夠記住，並總是高興地複述這些短文。」

用文化藝術啟發孩子的右腦

自古以來，猶太人以酷愛音樂而著稱。相傳摩西曾作歌，並吩咐猶太人應世代相傳：「現在你要寫一篇歌，教導以色列人，傳給他們，使這歌見證他們的不是……，那時，有許多禍患災難臨到他們，這歌必在他們面前作見證，他們後裔的口中必念誦不忘。」

據說，大衛王就有很高的音樂天賦，他不僅寫出了許多氣勢磅礡的優美詩句，而且還能譜寫悅耳動聽的樂曲，他本人就是一位優秀的歌手和豎琴師。他爲所羅王及其三個兒子的壯烈犧牲所譜寫的哀歌，長期流傳，感人至深。在大衛王執政時期，大衛王僱用了大批音樂老師，開展音樂活動，普及音樂教育，從小培養兒童的音樂天賦，以便使他們能參與集體活動，或者能獨立接待朋友，或者透過自我娛樂，領悟美妙音樂的高雅情感，或者透過讚美上帝的恩典，感化人們的心靈。

對於幼兒，除了應該注意語文的教學之外，同時還應該讓兒童多欣賞優美的音樂或旋律，尤其是古典的、高尚的名曲或交響樂。不要誤認幼兒只喜歡簡單的兒歌，如果一開始便讓其欣賞古典名曲，他們也會跟成人一樣感到喜愛的。同時也要讓他們多欣賞美妙的圖畫或美術作品，如此才能使大腦的發展獲得平衡，而且還可以達到相互促進的功效。

根據學者的研究，右腦是屬於感性的腦（音樂腦），主要是主掌直覺和感性的印象之「輸入」，包括音樂、聲音、圖畫、圖形、影像等非語言性的觀念及其發展。而左腦是屬於論理的腦（言語腦），它的功能主要在發展語言、文字、記號、分析、計算、理解、判斷、綜合等方面能力。如果我們能夠同時注意左腦與大腦的均衡發展，不僅可以改進兒童個性的發展和性情的陶冶，而且還可以透過這些教材彼此的影響而提升學習的效果。

用遊戲啟發想像力

遊戲是動物的本能，所有動物都會做遊戲，小動物在遊戲中學會生存的本領，孩子也有同樣的需要。

小貓拿自己的尾巴和老貓的尾巴玩，主要目的是娛樂，間接可以發展捕捉老鼠的能力。小獅子也會追逐老獅子翻滾，可以間接鍛鍊自己將來與其他動物搏鬥的能力。

我們的孩子也是一樣，爲了他的生活不至於單調，爲了發展他將來的生存能力，我們必須讓孩子進行遊戲。

因此，對於孩子的自發遊戲，父母應該給以關注、善於引導，透過遊戲，可以促進孩子身體、智慧與品德的綜合發展。

下面是一個猶太教育專家與孩子的遊戲實錄：

他在房間的四壁大約六十公分高的位置，貼上用紅色和其他顏色的紙剪成的字母、文字和數字的紙片，做成很多美術字，五彩繽紛，非常吸引孩子的目光。然後，老師鼓勵孩子爬向這些紙片，對那些準確行動者給予獎勵。然後將這些紙片上的內容讀給孩子聽。

孩子滿兩歲時，老師便開始教他們玩黏土，用蘋果、香蕉等日常孩子常見的水果做樣品，讓他們仔細觀察後，按照它們原來的形狀學著做，對做的程度要求不高，只要大體上成形即可。

這種方式既可以鍛鍊孩子的觀察能力，還可以訓練孩子的手的靈活和靈巧性，從而訓練他們的右腦。

積木對兩歲左右的孩子來說，也是很好的玩具，因爲它可以鍛鍊孩子的平衡能力。

組合房屋、組合汽車、拼圖等玩具，還可以培養孩子的思考能力，是猶太教育專家最願意採取的、啓發孩子的智力的最有效方法。

猶太家庭中最爲古老，也最爲家長所常採用的方法，就讓孩子玩圓豆。這種方法是拿小豆、黃豆、大豆或其他圓形的、體積小的、顏色不同的農產品，將它們混合在一起，放在一個盤子中，再取四至五個不同顏色的杯子，要求孩子用大拇指和食指抓住豆子，將豆子分類後，分別放進各自不同的杯子裡。

這種遊戲的好處，是訓練孩子用大拇指和食指夾住東西的能力，而這種能力只有人類才會有。

帶孩子走進大自然

《聖經》中說：上帝在創造了亞當和夏娃後，告訴他們：「大自然中的一切都是我的作品，它們是多麼美麗、多麼值得讚美啊！我所創造的這一切，都是爲了你們，牢牢記住這一點，不要讓世界腐爛，也不要破壞它，因爲如果你破壞了它，就沒有人能夠修補它了。」

讓孩子認識大自然，才能使孩子熱愛大自然。大自然是人類的家園，是孩子的最好老師，大自然能教給孩子無窮無盡的知識。

猶太父母經常帶孩子去郊外，讓孩子感受大自然之美，父母會向孩子講解大自然中的動物、植物的有趣故事，講解它們的來龍去脈。對孩子來說，這眞是一件其樂無窮的好事。大自然的廣闊和無私奉獻，還能培養孩子的廣闊胸懷和高尚心靈。

同時，大自然還會讓孩子得到有關動物、植物、礦物、地質學、天文學等方面的科學知識。

猶太父親西蒙是這樣教育自己的孩子的：

「我認爲，森林對孩子來說是最好的教科書，也是最好的遊玩場所，在這樣一個廣闊的天地裡，孩子想怎麼樣玩就怎麼樣玩，在草地上、在陽光下，他會感到自在、自由。我經常帶孩子到這樣的地方去，告訴他各式各樣的樹木和鳥類的名稱。我們經常會摘一朵野花，共同研究花朵的構成；我們還會敲下一顆成熟的果子，與孩子一起剖析果子，我們經常敲下一塊岩石進行觀察；我們經常觀察昆蟲的生活習慣，窺視鳥類在樹上做巢等等。這些都啓發了孩子的好奇心，鍛鍊了他們的注意力，孩子在遊玩中獲得了很多知識。

「在大自然中，孩子是無拘無束的，我們用相機拍攝我們過去未曾見過的花草和景色，拍攝孩子們喜歡的白雲、藍天與樹木，這些都是孩子們最爲熱衷的事情，他們總會驚喜不已。

「有了大自然的種種啓示，孩子們總會特別喜歡某些小動物，對飼養小動物充滿興趣，於是我們就鼓勵他們飼養少量小動物，但要求他們自行餵養。這樣不但可以培養孩子的仁愛之心，還可以培養孩子的高度注意力。

「大自然是廣闊的，有大山、有海洋、有草原、有河流、還有沙漠。因此，我還會帶領孩子遠足旅遊，這樣可以擴展孩子的地理知識，讓他們知道地球的神秘性，激發他們求知的欲望。」

《聖經》中說：「這個世界是上帝爲被選中的人創造的。」所以，人要充分「享受」它的恩賜。

教孩子識字或認符號

如果教幼兒學識字或符號，應該注意重複練習，而且每一種都應該複習二十次以上，才能變爲潛意識，才能成爲將來進一步學習的有效基礎，因此，必須要有相當的恆心和耐力，千萬不要操之過急，很快就想看到成果。父母必須瞭解，如果能夠發揮耐心加以教導，則將來一旦經驗充足，機緣成熟，他們自然便會「脫胎換骨」，蛻變成爲智慧非凡的英才。總之，父母必須要有耐心，不要淺嘗輒止，將來才能成功。

父母教兒童多認字、注音符號、數字或外國字母，要以遊戲和比賽的方式來學習，一定要用稱讚和鼓勵的方式來指導兒童，絕對不可使用威嚇的方式來強迫兒童學習，否則兒童一旦對學習感到畏懼或痛苦，不僅將前功盡棄，還可能弄巧成拙，嚴重影響其身心正常的發展。因此千萬不要過分勉強兒童學習，每次時間不要太長，而且成人一旦看到兒童已有不耐煩或無法維持注意力的時候，就應該立即停止練習。

4 創建天才的記憶系統

經典故事

三天背完一本書

有一次，海歇爾拉比向弟子借了一本非常珍貴的書，兩、三天之後他就很有禮貌地奉還了。他的弟子非常意外地說：「您這麼短時間就讀完了？」

「非常感謝你，我已經全部背完了。」

海歇爾拉比也沒有拷貝一份，但是只花了兩、三天的時間，就把這本書完全背誦下來了。

❖《塔木德》智語

「讀一百零一遍比讀一百遍好。」

擅長記憶的民族

猶太人當中產生了很多天才，如愛因斯坦、佛洛伊德、伯格森、卡夫卡、海涅、蕭邦、孟德爾頌、梅紐因、夏卡爾、卓別林等，不勝枚舉。

自從一八九二年設立諾貝爾獎以來，這個獎可以說是由猶太人所獨占，因爲有17%的獲獎者是猶太人，比例是其他民族的一百倍。

爲什麼猶太人有這麼多天才呢？

答案很簡單，因爲猶太人是擅長記憶的民族。

猶太人在幼稚教育時，就注意把記憶與思考結合起來。背誦、記憶是古希伯來教育最通用的教學方法。在古代以色列人中，有所謂「讀一百零一遍比讀一百遍要好」的說法。在學者們當中，能一字不差地背誦《聖經》是最值得誇耀的事。教師們常常要求學生背熟內容，然後再逐段、逐句講解，其目的就是要讓學生絲毫不漏地掌握聖典的內容。

希伯來人在強調機械性記憶的同時，還主張勤於思考。希伯來聖哲講過：一個成功的學者要手腦並用，透過學習來引發思考。

因此，當學生熟背了所學的內容之後，老師常常引導學生提出問題，並對這些問題進行討論。在討論過程中，使學生把所學的知識上升到一定的高度。如西元前十世紀，在剛剛興起的學校裡，「年輕人從學習古代律法轉向探索人生的眞諦，瞭解民族衰敗和興旺的各種問題，學習有關實際事物的知識」。

最先進的記憶系統

孩子的記憶能力是猶太人早期教育的最好結果，是猶太人的父母和老師幫助孩子建立了最先進的記憶系統。

當猶太人的孩子到了三歲時，他們就會被帶到類似私塾的地方，教導他們希伯來語。等他們會讀了之後，就開始拿著有希伯來文的書本，來教育他們如何寫字。

接下來，他們會讓小孩背誦像經典通用祈禱文，他們不要求他們理解文章的意思，只是教他們去讀書，而且以背誦爲目標。

猶太人認爲，這個時候如果沒有創建起記憶力的基礎的話，那麼以後就沒有辦法學到其他知識。

到了五歲，他們就開始背誦聖經、摩西律法。

在七歲前，他們必須背誦「摩西五書」當中的《創世紀》、《出埃及記》、《利未記》、《民數記》、《申命記》，他們配合著旋律，反覆朗誦幾百遍。

到了七歲，則學習舊約聖經的剩餘部分以及猶太教法典。猶太人在滿十三歲接受成人典禮之前，就已經全部會背誦最基本的學問了。

猶太教徒早上的禮拜祈禱書大約有一百五十頁，每天早上都必須要朗讀，而且每一個人都能背誦。

人的大腦的細胞有一百四十億個，其中真正被我們使用的只有百分之幾。假如人腦所使用的細胞數再增加1%，情況就會難以想像。

不可思議的是，一旦腦部這種大容量記憶系統建立起來之後，接下來就很容易吸收各式各樣的知識，變成了高機能的電腦式頭腦。猶太人就是這樣背下所有重要知識的。

如何創建孩子的記憶系統

你可以記住那些難以數計的資料——只要你經常重複它們。經常複習你希望記住的知識，使用它、實踐它、再實踐它。把新字運用於你的交談中。呼叫陌生人的名字——如果你想記住。在交談中談論你希望在演說中提出的要點、使用過的知識及資料會令你難以忘懷。

但是，光是盲目、機械地強記及複習某一知識，那是不夠的。有智慧的重複，即配合某種固定的思想特點而進行複習——這才是我們所應該擁有的。

哈佛大學的艾賓豪斯教授，選了許多沒有任何意義的音節，讓他的學生們背誦，比如「Daep」、「Golly」等。他發現，這些學生在三天以內，平均重複背誦了三十八次這些怪字，居然能將它們全部記下來，如果他們一口氣將之重複念上六十八遍，也同樣可以全部記下來……。其他各種心理測驗也一再顯示出相同的結果。

這是對記憶力進行實驗的一項重要發現。這也表明，如果一個人坐下來，一再重複某件事，一直到把它深深印在腦子中爲止，他所要花費的時間與精力，恰好是他在一定時間間隔的時段，進行重複行爲而獲得相同結果的兩倍。

這種怪異的思想行爲——如果我們可以如此稱呼它的話——可以用下面兩種因素來加以解釋：

第一，在重複行爲的時間間隔內，我們的潛意識一直在忙於將它們形成更可靠的聯結。誠如詹姆斯教授所說：「我們在冬天學會游泳，在夏天學會滑雪。」

第二，在分段間隔進行重複時，我們的頭腦不至於因爲連續不斷的工作而感到疲憊不堪。《天方夜譚》的譯者理查．波頓爵士，能流利地說二十七種語言，但他承認，他每次練習或研究某種語言，絕不會超過十五分鐘，「因爲，一超過十五分鐘，頭腦就失去了對它的新鮮感」。

在知道以上這些事實之後，即便是一位自稱是擁有豐富常識的人，也不會等到在發表演講的前夕，才去進行準備工作。如果他眞要等到演講前才動手的話，他的記憶力將只能發揮其效率的一半。

關於「遺忘」的方式，這裡有一個對我們很有幫助的發現。

心理實驗一再顯示，對於我們剛剛學到的新知識，我們在最初八小時當中所遺忘的，將超過我們在未來三十六天所遺忘的——這是一個多麼奇妙的比例！

因此，在你要步入一個商業會場，或是一個家長會，或一個俱樂部前，在你要發表演說之前，應立即把你的資料看一遍，把你所搜羅到的事實再想一遍，使你的記憶力恢復新鮮活力。

在你學習其他知識時，你應該在八小時內重複一次你學習的內容，過後，把它放下，過一段時間，再重複一次，直到把它完全記住。

林肯知道這樣做極有價值，並且一再使用它。當年在蓋茨堡，學識淵博的愛德華．艾佛里特，被安排在他之前發表演說。當艾佛里特的演講逐漸到達其冗長正式獻詞尾聲時，林肯「很明顯地表現出緊張的神情」——當別人在他之前演講時，他一向如此。他匆匆調節了一下他的眼鏡，然後從口袋中取出講稿，自己先默默地念了一遍，以加強他的記憶力。

資訊的來源越是豐富，就越能生成發明及獨創性的思考。發明或發現只能由儲藏在頭腦當中的豐富知識來創造。記憶的容量越大，越容易生成新的發明以及發現。

5 發現天才的方法

經典故事

繪畫天才的誕生

有一天，父親發現畢卡索很早就回家了，便皺著眉頭問道：「病了嗎？哪裡不舒服？」

「從頭到腳，」小畢卡索說，「全都不舒服。」

「那好，我們到學校去，到了學校一切都會好起來的。」

「我正是因爲去學校才病的。」

父親大笑起來，不由分說地把畢卡索送到學校。但是，畢卡索最討厭的就是老師的那套煩人的東西。他的眼睛老是盯著那個掛鐘，盼望那該死的指針能走快一些。

「先生，我要去廁所。」

「不是剛上課嗎?」被打斷了講課的老師非常不耐煩,「去吧!去吧!」

畢卡索很快溜出教室,東逛一會兒、西逛一會兒,實在無處可去了,才回到教室,但過不了多久,他又坐不住了。

「先生,我能爲您畫張像嗎?」他脫口而出。

「什麼?你給我畫像!」老師氣壞了,瞪著他說道,「去吧,去吧,上廁所去吧!」

畢卡索三歲開始就喜歡上了繪畫,當他被送進學校後,老師們發現,這個能靈巧地畫毛驢和狗的「小神童」,在其他科目上卻是一個「白癡」,非常厭學,翹課和曠課成了家常便飯,成績一塌糊塗。

知子莫如父。不久,父親把畢卡索送到當地有名的美術學校,並親自擔任兒子的輔導教師。

對於美術,畢卡索表現出了驚人的耐力,他可以一連幾個小時不放下畫筆,與他在課堂上的表現判若兩人。

一八九三年秋天,十二歲的畢卡索爲一家週刊畫了一幅畫,畫面上表現了一場風暴掠過城市,街道上的行人踉踉蹌蹌,人們在大風中都試圖保持身體的平衡和優雅，女孩子的裙子被大風掀了起來……

這幅畫震驚了世人——又一個「繪畫天才」誕生了。

母親的故事拯救了我

諾貝爾文學獎獲得者、以色列女作家戈迪默，小時候是一個讓母親感到失望的孩子，可是小戈迪默有一個最大的優點：當母親給她講故事時，她會一動不動地趴在母親的腿上，聽得十分認眞，而且她會長時間地做她喜歡的事。

於是，她的母親每天總是用故事來引導她，天長日久，母親的故事激發了小戈迪默求知的欲望，學習成績在不知不覺間好了起來。

上學後，戈迪默的理科不是特別好，但作文卻出奇地好，經常在高級別的比賽中獲獎。於是，母親就鼓勵戈迪默把自己的精力放在文學上。後來，戈迪默順利進入大學，並成爲全校的優等生。

戈迪默在回憶自己的成才經歷時，說：「母親的故事拯救了我！」

天才的特徵

猶太教育專家把畢卡索身上的特點，歸納爲天才的一個最根本特徵，那就是超常的「好奇心」，或稱爲「興趣」。

戈迪默那種對事業的「執著」和「勤奮」，也是天才的一種表現形式。

透過測試，智商在一百二十五以上的孩子，通常被叫做「天才兒童」。愛因斯坦的智商高達一百六十，美國紐約也發現過智商超過一百四十的孩子。

當然，智商並不是判定是否天才的唯一因素，有些天才兒童或許在智力測驗中沒有傑出的表現，而在某一方面具有特殊的才能，如音樂、繪畫等。

還有人把創造性也作爲衡量的標準之一。記憶力好、想像力豐富是天才兒童的突出表現。

超常兒童有不同的性格，但他們求知欲強，喜歡問一些教師和成人難以回答的或視爲「怪異」的問題；喜歡和年齡大一些的孩子玩，與同齡孩子爲伍時卻不合群；容易受欺負，經常遭嫉妒，因爲他們自視甚高，容易不尊重他人，甚至教師和家長。

❖《塔木德》智語

「要按照孩子該走的路，來充分地訓練他。」

在以色列，學校會選擇在班裡名列前矛的3%的天才兒童，只要通過了資格考試以後，便可以參加全日制專業學校，或校外學習政策的深造課程學習。

天才兒童課堂的特點表現在：學生的水準高，學習內容深，課堂特別要求學生把掌握的知識應用到其他學科，而不僅僅側重於學生理解並掌握知識。參加學習的兒童，還要學會獨立鑽研和掌握新教材。

以色列的天才教育獲得了豐碩成果，只有五十多年歷史、只有六百多萬人口的一個小國家，到目前為止，竟然產生了五位諾貝爾獎獲得者，就是一個明證。

如何鑑別天才兒童

美國人類潛能開發專家葛蘭・道門醫生認為：每一個正常的嬰兒在其出生的時候，都具有莎士比亞、莫札特、愛迪生、愛因斯坦等人那樣天才的潛能，關鍵是後天能否把這種潛能開發出來。他認為：「聰明和愚笨同是環境的產物。」

法國教育家愛爾維修說：「即使是很普通的孩子，只要教育得法，也會成爲不平凡的人。」

美國的心理學家塞德茲博士說：「只要教育得當，人人都可以成爲天才。」

這就是說，每個孩子都有「神童」的潛能，關鍵是能否透過早期開發、教育得當，使其成爲「神童」。如果孩子成了「神童」，能不能鑑別出來，然後再給予超常教育？

對「神童」的鑑別是一項極爲複雜的工作，往往需要採用多指標、多途徑和多種方法進行鑑別，並且要透過實施超常教育的過程來進一步驗證。

所謂多指標，就是不能光看孩子的一門專長或特長，來判斷是否超常，要從知識面、記憶能力、判斷推理能力等綜合智力因素來判斷。比如說，有些孩子三歲時能背誦很多唐詩宋詞，還有些孩子很小就能彈奏比較複雜的樂曲，顯得比其他孩子要「超常」，但是這種能力是可以透過機械訓練和反覆強化而獲得的，如果只具備這樣的能力，並不能表明該孩子智力超常。

所謂多途徑和多種方法，就是不能只憑考試或測智商來判定；要從各種途徑和方法來判斷、核對總和鑑別。不僅要看智力因素，還要看非智力因素。比如說，有個孩子很小的時候，家長對其進行語文和數學訓練，上小學前認字上千，能作一、二年級的數學題；還有的孩子測智商得分也不低，這也可能是訓練的結果。語文、數學的知識可以透過訓練獲得，智商的測試題也可以透過模擬訓練提高成績。

因此，鑑別一個孩子是不是「神童」，通常要透過專家和專門系統的測試方法，才能做出判斷。

發現兒童超常潛質的方法

那麼，一般家庭中如何來判斷孩子是否超常呢？家長往往可以透過感覺來做出一些定性的判斷。通常情況下，超常兒童和一般兒童相比，有以下不同的特徵：

1. 好奇心強。
2. 興趣廣泛。
3. 善於提問。
4. 做事專注。
5. 思維敏捷。
6. 閱讀能力強。

7. 記憶力好。
8. 有毅力。
9. 勇於嘗試。
10. 願意思考事物的關聯。
11. 不願意接受太多的幫助。
12. 不願意做「塡充時間」的事。
13. 喜歡搜集各類資訊。
14. 喜歡與年長的孩子為伍。
15. 發展指標總是提前達到。

如果一個孩子同時具備了上述特徵的絕大部分，而不是其中的一、兩項，那麼大致可以認爲，這個孩子不同於一般兒童，具有「超常」的潛質。家長在今後的教育中，應當注意運用不同於普通兒童的教育方法，並在實踐中注意觀察和判斷孩子的潛質。

6 激發並培育天才

經典故事

神奇的禮物

美國大導演史匹柏是猶太人。在他十二歲生日那天，身爲電器工程師的父親，送給他一件非常珍貴的禮物——一架八厘米的攝影機，以便他能夠「用電影記錄往事」。

史匹柏馬上被這件神奇的禮物迷住了。

史匹柏首先成爲一名「家庭攝影師」，後來，拍電影成了他的終身事業。

玻爾父子的「爭執」

諾貝爾物理獎獲得者尼爾斯・玻爾的父親，爲了使玻爾產生強烈的求知欲，常常故意編寫出很多科學研究的課題，讓孩子思考和回答。孩子往往是爭強好勝的，他們在父母面前不甘示弱，因此，小玻爾常常和父親發生爭執和討論。

有一次，父子間辯論關於水的張力問題。這對物理學家的父親來說，當然不是什麼難題，但兒子並不服氣。最後，父子達成協定，由孩子去父親的實驗室做實驗，讓事實說話。但儀器要由玻爾自己製作，父親必須擔任儀器製作和實驗的「顧問」。玻爾興高采烈，實驗終於成功。

後來，玻爾在學校裡「如法炮製」，其中有項實驗獲得巨大成功，玻爾也憑此獲得學校的金質獎章。

玻爾說，他後來之所以能在實驗過程中，靈巧地自製各種各樣的儀器，研究出其他著名科學家沒有獲得的成果，父親對他的激勵是非常重要的一點，在這方面，他比一般科學家占優勢。有一次，小玻爾曾幫助鄰居修好了自行車，爲此，父親還專門擺了一桌慶功宴以示慶祝。

愛因斯坦母親的「逼迫」

愛因斯坦三歲的時候，有一天，母親波林坐在鋼琴旁，輕輕地撫弄琴鍵，優美動聽的旋律像潺潺溪水，從她的手指下流出。忽然，她覺得背後有人，回頭一看，小愛因斯坦正歪著腦袋，全神貫注地傾聽美妙的樂聲。

年輕的母親高興了，她說：「瞧你一本正經的，像個大教授！哎，親愛的，怎麼不說話呀？」

愛因斯坦沒有回答，他只有三歲，還無法說清激起心靈感應的音樂到底是什麼，他那對亮晶晶的、棕色的大眼睛中，卻又分明閃爍著快樂的光輝。

琴聲又響了，是貝多芬的奏鳴曲。小愛因斯坦邁著搖晃的步子，無聲地撲向一個新的世界，那裡只有美麗、和諧和崇高。

不愛說話的小愛因斯坦對音樂入迷了，六歲開始就練習拉小提琴。

對於一個孩子來說，長時間玩一種樂器是非常枯燥的事，愛因斯坦的母親就「逼迫」他練琴。當時看來，母親的做法確實有點過分，它違背了家教的基本原則，但從音樂對愛因斯坦科學研究和一生的作用來看，母親當年的「逼迫」確實是必要的，而且是有效的。

幾年內，愛因斯坦唯一的消遣就是音樂。在母親的伴和下，他很快就能演奏莫札特和貝多芬的奏鳴曲了。

❖《塔木德》智語

「一個東西如果不使用，就難以評價它的作用。同樣地，如果不教給孩子他們很快就能學會的東西，那麼，他們的潛能就得不到開發。世界上再也沒有比這更爲愚蠢的事情了。」

興趣是成功的第一任老師

興趣是成功的第一任老師。猶太人相當重視幼兒的興趣教育，所以猶太人的人口雖少，但湧現的天才最多。

由於愛因斯坦的父母、玻爾的父親、史匹柏的父親很早就認識到，好奇心對孩子成才的巨大作用，所以他們在孩子很小時，就注意啓發孩子的好奇心，從而培養了他們的天才；畢卡索的父親則是最早發現了兒子的興趣，據此培養孩子，孩子也就眞正成了天才。

想一想，剛生下來的嬰兒，對於未知世界是多麼好奇，他很想知道這個世界是什麼樣，他會一直接收新的資訊進來。如果這時給他聽一些音樂，給他看一些畫，給他一些智力上的訓練，他就像白紙一樣，所有的色彩都會加進來。孩子的可塑性是最高的，及時加以訓練，才可以培養出優秀的人才，等到十歲、二十歲再來培養，可能會太遲了。

小孩子生來具有好奇心，可是隨著時間的推移，隨著對周圍事物和環境的熟悉之後，好奇心就不如以前強烈了，這時候智力的發展就會遲緩。我們知道，智力的發展主要就是有好奇心，哲學家擁有一顆敏銳的心，對於世間的萬物都會去探討。其實有太多的東西值得我們去探討，不用擔心有一天都被我們探討完，而沒有新的東西可以刺激我們。有刺激才會有反應，有時候，越強的刺激會有越強的反應。

經典故事

畢卡索父親的發現

一八八四年三月，年僅三歲的畢卡索突然對一件事發生了興趣，那就是母親的肚子一天比一天大起來。

他好奇地問父母：「媽媽，裡面裝了些什麼？」

「一個弟弟或妹妹。」媽媽摸著肚子驕傲地回答。

「誰把他們裝進去的？」

「父親，你的父親。」媽媽再一次回答。

「怎麼裝進去的？」

大人們發出了尖銳的笑聲，兩個未婚的姨媽捂著臉跑開了。

母親拍著兒子的頭說：「孩子，長大後你就會知道的。」

但是，畢卡索非要馬上知道。

媽媽說：「好好學習，你就會知道的。」

誰知喜歡繪畫的畢卡索馬上畫了自己的媽媽，畫上的媽媽挺著大肚子，大人們笑得更厲害了。

畢卡索的父親由此發現了兒子在繪畫上的長處，後來又發現畢卡索不喜歡上學，於是就同意他不再上學，而是幫他請了家庭教師，讓他專心學畫。

從孩子出生就開始交流

很多猶太教育研究人員認爲，由於猶太人母親經常與幼兒談話，儘管孩子太小，還不會回答，但仍然有助於啓發他們的好奇心，從而增進他們的智力，促使他們成爲天才。

筆者的一位猶太朋友告訴我，美國的父母對與孩子的交流十分重視。當孩子呱呱墜地時，做父母的就試著與牙牙學語的孩子交流，將父母的感情傳給孩子。打開美國的報刊，也有鼓勵家長與孩子交流的文章，稱美國的父母已獲得一個共識：要培育出一個聰明可愛的孩子，應該從孩子出生就開始和寶寶交流。父母不用擔心這種交流會變成單方面的意願，因爲寶寶一出生，就有了與人交往的能力，而且願意與人交往。

筆者一次乘機從紐約到明尼那波利，途中整整五個小時。坐在後排的一位母親，一刻也沒有停止與自己二歲和五歲的孩子進行交流。孩子問的問題十分有趣，比如飛機怎樣在雪上飛，飛機在飛的時候怎麼不動，飛機上的窗子爲何不能打開等等。對孩子的各種問題，母親有問必答；同時，這位母親也像一個循循善誘的老師，與孩子促膝談心，就像是姐妹兄弟那樣，非常平等，彼此尊重，絲毫沒有凌駕於孩子之上的架勢。

發問和答案一樣重要

猶太人不僅非常重視知識，而且更加重視才能。他們把僅有知識而沒有才能的人，喻爲「背著很多書本的驢子」。他們認爲，一般學習只是一種模仿，而沒有任何的創新。

他們還認爲，學習應該以思考爲基礎。思考是由懷疑和答案組成的。學習便是經常懷疑、隨時發問，懷疑是智慧的大門，知道得越多，就越會發生懷疑，而問題也就隨之增加，所以發問使人進步。發問和答案一樣重要。

正是基於這種認識，猶太人家庭特別注意與孩子的思想交流，孩子一直受到成人的教誨和指導。孩子們可以同成人談話和討論問題，偶爾成人還會和孩子們纏個沒完，意在引導他們投入到學習與研究中去。無疑地，猶太人出名的口才和智力測試中的高分，與這一點不無關係。

經典故事

餐桌上的討論

以色列前總理拉賓的夫人，在回憶錄中，生動地講述了拉賓家「餐桌上的討論」：

拉賓的外孫尤納坦只是一名士兵，餐桌上老是「無休止」地糾纏著歷任總參謀長、國防部長、總理的大人物——拉賓，提一些安全方面的問題，拉賓總是認眞、耐心地回答，有時爺孫還要爭論幾句。

有一次，拉賓在餐桌上沒有及時回答外孫的問題，心裡很不安，寧可推遲出席埃及大使的宴會，專程去女兒家回答外孫的問題。此時的拉賓猶如履行了一位國防部長應盡的職責，愉快而歡暢。

愛因斯坦的「羅盤經歷」

愛因斯坦從小並不被認爲是一個聰明孩子。

有一次，赫爾曼・愛因斯坦先生問學校的訓導主任，自己的兒子將來應該從事什麼職業，這位主任直截了當地回答：「做什麼都沒關係。你的兒子將是一事無成的。」

小愛因斯坦沈默寡言，學習成績很差，除了音樂，對其他的人和事物都缺少興趣。爲了激發他的求知欲，父親爲他買了一件特殊玩具——指南針，愛因斯坦的小手捧著羅盤，只見羅盤中間那根針在輕輕地抖動，指著北邊。他把羅盤轉過去，那根針並不聽他的話，照舊指向北邊。愛因斯坦又把羅盤捧在胸前，扭轉身子，再猛扭過去，可是那根針又回來了，還是指向北邊。不管他怎樣轉動身子，那根細細的紅色磁針就是頑強地指著北邊。小愛因斯坦忘掉了當時身上的病痛，只剩下一臉的驚訝和困惑：是什麼東西使它總是指向北邊呢？這根針的四周什麼也沒有，是什麼力量推著它指向北邊呢？

愛因斯坦六十七歲時，仍然爲童年時的「羅盤經歷」感慨萬千。他在《自述》中說：

「當我還是一個四、五歲的小孩，在父親給我看一個羅盤的時候，就經歷過這種驚奇。這個指南針以如此確定的方式行動，根本不符合那些在潛意識的概念世界中，能找到位置的事物的本性的（和直接『接觸』有關的作用）。我現在還記得，至少相信我還記得，這種經驗給我一個深刻而持久的印象。我想一定有什麼東西，深深地隱藏在事情後面。凡是人從小就看到的事情，不會引起這種反應；他對於物體下落、對於風和雨、對於月亮或者對於月亮會不會掉下來、對於生物和非生物之間的區別等，都不感到驚奇。」

顯然，人們的經驗認爲「空虛」的空間存在一種什麼東西、一種什麼力量，迫使物體朝特定的方向運動。這件偶然小事雖微乎其微，並發生在愛因斯坦成爲科學家之前很久的時間裡，但這次奇特的經歷，卻對他後來的科學思考與研究極爲重要。

後來，「場」的特性和空間問題是那樣強勁地吸引著這位物理學家。在廣義相對論中，愛因斯坦終於天才地解決了這些兒童時代就萌發出來的困惑。不過在當時，它們還只是以質樸的本來面貌顯現在他的眼前。

小小的羅盤，裡面那根按照一定規律行動的磁針，喚起了這位未來的科學巨匠的好奇心——探索事物原委的好奇心。而這種神聖的好奇心，正是萌生科學的幼苗。

當愛因斯坦十二歲時，又發生了一件重要事情，父親送給他一本歐基里德的

《幾何學原理》。

「這本書裡有許多論斷，比如，三角形的三個高交於一點，它們本身雖然並不是顯而易見的，但是可以很可靠地加以證明，以致任何懷疑似乎都不可能。這種明晰性和可靠性，給我造成了一種難以形容的印象。至於不用證明就得承認公理，這件事並沒有使我不安。如果我能依據一些其有效性，在我看來是無容置疑的命題來加以證明，那麼我就完全心滿意足了。」

後來，愛因斯坦靠自學上了大學，當他成名後，他的一位大學老師認爲，這位「經常不聽課的學生」能發表相對論，眞是太不可思議了。

這一切，卻一直得到了愛因斯坦父母的支持和保護。他們千方百計爲自己的孩子創造學習條件，鼓勵兒子發展自己的興趣，爲世界造就了一個偉人。

7 創造天才的成長環境

經典故事

叔父的啟蒙教育

大物理學家赫茲，年幼時並不聰明，相反的顯得有一點笨拙。

赫茲的母親出身於北歐名門，深諳教子之道，她考慮再三，認爲光靠自己的教育，不足以使孩子獲得更大進步。於是，她決定把赫茲送到孩子的叔父——十九世紀著名的電磁學家那裡，由叔父培養他。

赫茲的叔父非常負責，除了堅持自己繁忙的研究工作外，每天還特地抽出半個多小時，對赫茲進行啓蒙教育。當他做實驗時，也把赫茲帶在身邊，這對赫茲後來的研究興趣起了決定性作用。

決定性意義的一步

馬克思·玻恩，一九五四年諾貝爾物理獎獲得者。

玻恩出生在一個科學氣氛十分濃厚的猶太知識分子家庭中，父親是著名的解剖學教授。父親的思想、學識、研究方法等，都對玻恩產生了潛移默化的影響。儘管如此，玻恩的父親並沒有狹隘地局限於僅僅把自己的知識傳授給兒子，而是鼓勵兒子向更有文化的學者學習。

在中學時，父親就鼓勵兒子與一位很有成就的兼職教師一起做實驗，後來他們終於成功地把電訊號傳遞到了隔壁房間。玻恩在他的回憶錄中，以十分感激的心情寫道：「我父親建議我在固定某種專業之前，去聽各種課程的課。」

有一次，玻恩從一位同學那裡聽說，哥廷根是德國數學的聖地，那裡群星燦爛、名家薈萃，玻恩希望到那裡拜師求學。父親毫不猶豫地、堅決支持兒子的請求，並鼓勵兒子要博採眾長。玻恩在「繁茂」的哥廷根「花園」（當時的世界數學中心）拜大學者克萊因·希爾伯特和閔可夫斯基爲師，並很快成爲希爾伯特的助手。對他來說，這是他人生具有決定性意義的一步。

誰使兒子迷了路

有一個人在一個市場上，爲獨生子開了一家香料店，但那個市場經常有妓女光顧。

那個市場的生意在走自己的路——不過是下坡路，妓女們也在走著自己的路，那個年輕人也在走著自己的路——朝著壞的方向。

他的父親有一次來到店裡，碰見他和妓女在一起鬼混，父親大叫起來：「我要殺了你！」

正巧，有個朋友來了，他阻止那個父親說：「你使你的兒子迷了路，現在你又對他大喊大叫。你不教他做其他的生意，而是教他賣香料，你不在其他地方的市場，而在紅燈區開商店。你希望他怎麼樣？」

教育投資是責無旁貸的責任和義務

猶太人普遍喜愛讀書學習，做母親的非常關心自己孩子所接受的教育內容。在美國，不少猶太父母不在家裡接收有線電視節目，目的是防止孩子的心靈受到美國大眾文化低級無聊節目的污染。除了播放健康節目的公共電視台，很多家長不容許孩子觀看其他商業電視台的節目。這其實是一個很有頭腦的做法。

美國民間教育機構多次對移民兒童進行測驗，得出一個一般性的結論：越是移民美國時間長，越是美國化程度高的兒童，對學習的興趣和努力程度也越低。

猶太父母有意識地使自己的孩子與美國大眾文化保持一些距離，是幫助後代在教育中取得出眾成績的一個有效方法。

因此，許多猶太社團都把教育投資視作一種責無旁貸的責任與義務。

❖《塔木德》智語

「如果學習是最高的善，那麼，創造有利於學習的機會與條件，便是僅次於學習的善。」

從十七世紀的一本年鑑上，我們可以看出阿什肯納齊人的教育觀：每一個社群都撫養年輕人，並且每週爲他們提供去學院院長處學習所需要的經費。他們還支持每個年輕人輔導兩個小孩，以便他能和他們口頭討論他已學過的《革馬拉》……，從而體驗《塔木德》觀念的精妙。小孩將由社群慈善基金會或公共食堂提供伙食。

如果社群是由五十個家庭組成的，那麼它至少要撫養三十個青年和兒童。一個家長將被指定撫養一個青年和兩個兒童。

在整個波蘭王國的猶太家庭中，幾乎沒有不潛心鑽研《托拉》的人。要麼家長本身是個學者，要麼他的兒子、女婿，或在他家吃飯的青年是學者……，在每個社區，學院的院長都享有盛譽，富人和窮人均聽從他的教誨。沒有人對他的權威性表示疑問。每個人的行爲都順從他的吩咐。他手持木棍和鞭子，懲戒和責打越規者，頒布法令和禁令，建立護衛隊。但是，每個人都熱愛學院的院長。

由於學習和研究需要花費大量的資金，單靠社團本身來籌措，往往力不從心。爲此，猶太人把教育事業與慈善傳統結合起來。具體來說，就是把「什一稅」作爲追求學問的經濟支柱。猶太人很早就接受了「什一稅」的觀念。關於「什一稅」的用途，猶太教律法上雖然有很多詳細的規定，但有一點極爲明確，即「什一稅」首先要用在「那些把時間都花在研究《聖經》和其他典籍的人身上」。

此外，一些猶太商人在發跡之後也紛紛解囊，爲教育和研究提供經費。在他們中間早已達成一種共識：發財致富並非最終目的，而要以金錢來「購買生活的權力」、「購買知識與經驗」。

直至今天，猶太人捐款的第一投向，仍是學校建設。在以色列的一些大學裡，獎學金、研究基金都由外國猶太商人提供，很多教學設施如教學大樓、圖書館、實驗室等，也由猶太富商贊助或捐贈。希伯來大學、特拉維夫大學、以色列理工學院這三所最有名的大學中，至少有一半董事是外國人，尤其是美國猶太人。在他們看來，幫助以色列興辦教育，才是百年大計、千年大計，把錢投入文化事業，甚至比幫助以色列購買軍火更有實際意義。

經典故事

影響波普爾一生的藏書

猶太哲學家波普爾，是在一個良好的家庭環境中長大的。

波普爾家裡除餐廳外，其他地方幾乎全是書，餐廳裡擺的也是一架大鋼琴，家人經常演奏巴哈、海頓、貝多芬、舒伯特和布拉姆斯的大量作品。在那間特大的藏書室裡，充滿他父親喜愛的佛洛依德、柏拉圖、培根、笛卡爾、斯賓諾莎、康德、叔本華的上萬冊著作。波普爾的父親是一名大律師，甚至可以說是一位學者，是維也納市長的朋友及生意合作者，他開辦了獨立的律師事務所。波普爾的兩個弟弟，後來也成了維也納的法學博士。

波普爾後來回憶說，在他還未能讀懂父親的這些著作前，它們就成了他生活的一部分。給波普爾童年影響最大的第一本書，就是母親讀給他的兩個姐姐聽的、瑞典作家賽爾瑪的《尼爾斯歷險記》。在以後的許多年裡，波普爾每年至少重讀一遍這本書，隨著時間的推移，他不只一遍地通讀了這位偉大作家的全部作品。

阿勞中學的愛因斯坦

一八九五年秋天，愛因斯坦登上了開往蘇黎世的列車。愛因斯坦懷著懊喪的心情，來到離蘇黎世不遠的阿勞鎮上。依山傍水的小鎮，美麗如畫的景色，一點也引不起他的興致。踏進州立阿勞中學大門的愛因斯坦，心上彷彿壓著一塊大石頭。

在阿勞中學，愛因斯坦寄住在溫特勒先生家裡。溫特勒先生是州立阿勞中學的教師，不僅知識淵博，而且深知教育心理學。他帶著愛因斯坦在學校裡到處散步參觀，並讓自己的妻子和七個孩子都與愛因斯坦交上了朋友。很快地，愛因斯坦就在溫特勒先生家裡找到了溫暖，抑鬱的心情過去了，一個新愛因斯坦誕生了。

阿勞中學的老師教育思想開通、民主。十九世紀初葉，瑞士偉大的教育學家裴斯塔洛齊曾在阿勞鎮附近活動過，他的民主和人道主義思想，在阿勞州立中學十分盛行。他們不贊成用權威的棍棒和名利的誘餌，當做教育的手段。他們主張學生自我負責，老師的責任就是向學生展示知識和科學的魅力，點燃他們好奇心的火花，激起他們的求知欲望，讓他們的智力自由地發展。

溫特勒先生教德文和歷史。他純樸熱情、學識淵博，採集鳥類標本是他的業餘愛好。他常帶著學生到山裡去遠足，採集動植物標本。讓孩子們歡笑來洗去歲月留在身上的塵埃，這是溫特勒先生最大的快樂。愛因斯坦與溫特勒先生朝夕相處，尊重他、熱愛他，他們成了好朋友。

愛因斯坦有生以來第一次喜愛學校了。老師這樣親切，學生可以自由地提問、研究問題，第一次享受到這樣的民主和自由，愛因斯坦變了：他對生活的熱愛，他青春的朝氣和活力迸發出來了。原來那個怯生生、不多說話的少年，現在變成笑聲爽朗、步伐堅定、情緒激昂的年輕人了。他濃密的黑色捲髮下面，那一雙棕色的大眼睛裡，時常帶著嘲笑的神色。早年的那種靦覥已經痕跡全無了。

愛因斯坦式的自信，在阿勞中學時的一篇短文中表現出來。這篇用不很完美的法文寫的短文，第一次表達出愛因斯坦日後的果斷意志，標題爲〈我的未來計畫〉：

「幸福的人對現狀太滿足了，所以不大會去想到未來。另一方面，青年人則致力於構想一些大膽的計畫。嚴肅認眞的青年人自然想要做到，使自己尋求的目標概念盡可能明確。

「我若有幸考取，我就會到蘇黎世的瑞士聯邦工業大學去讀書了。我會在那裡待上四年，學習數學和物理。我想像自己成了自然科學中這些部門的教師，我選擇了自然科學的理論部分。

「下面就是使我做出此項計畫的理由。

「最重要的是，我傾向於作抽象的和數學的思考，因爲我缺乏想像力和實際工作的能力。我的願望也在我心中激發了這樣的決心。這是很自然的事；人們總是喜歡去做自己有能力做的事情。何況，科學職業還有某種獨立性，那正是我喜愛的。」

一八九六年秋天，愛因斯坦在阿勞中學順利地以下列分數（規定最高分數爲六分）拿到了中學畢業證書：德語、義大利語、化學、自然歷史四科五分，歷史、代數、幾何、圖形幾何學、物理學五科六分，繪畫（美術）、地理、繪畫（技術）三科四分。

在阿勞度過的這段時間，向愛因斯坦說明，在一所不受陳規陋習束縛的、由進步的人們領導的學校裡，教學將成爲有趣的、吸引人的職業，它與科學活動很容易相結合。

這段經歷給愛因斯坦留下深刻的印象，使他由一個厭學的少年，變成了一個對未來充滿希望的年輕人。

8 以色列成功胎教實踐

世界第一所「胎教大學」

猶太人注重教育是世界所公認的，他們不但重視孩子的早期教育，即從孩子生下來，就開始對孩子進行早期的家庭教育，而且他們還認為，教育孩子並不只是停留在早期，在早期教育前，還應該把握更為良好的教育時機，那就是胎教。

世界上第一所「胎教大學」誕生在以色列。這所「胎教大學」於一九六八年由一名叫雅伯尼的婦產科專家創辦。這是一個具有時代意識的實驗，它有可能改變人類的未來。

這所大學對五個月大小的胎兒進行胎教，課程包括語言、音樂、體育等，每天三次，每次五分鐘。「學生們」在出生前，就可以得到一份校方頒發的畢業證。

這所著名大學畢業的第一名「學生」名叫施拉特，他是一個工人的兒子。小施拉特出生後四個月就會講話，比一般孩子提前了六個月以上。到四歲時，他已能流利地講英語和希伯來語。小施拉特喜歡與比自己大四歲以上的孩子玩，而且表現出少有的成熟。

「胎教大學」的其他「畢業生」，其表現也大都與眾不同，這些孩子明顯地更爲聰明、伶俐，更容易理解數學和語言，並能更早地認識他們的父母。在聽、講、使用語言方面，均有不錯的表現。

猶太教育家得出如下結論：胎教對孩子智慧的發育非常有利。

耶路撒冷大學教授約瑟夫，和另一位教授進行了另一項胎教實驗，他們在胎教中，對一百二十七位孕婦進行了科學的胎教指導，內容包括欣賞音樂、閱讀書籍、排練短劇、適當的體育鍛鍊等。實驗結果表明，在這一百二十七名孕婦所生的孩子中，80%的孩子智力超常。

每一位父母都渴望自己的孩子是天才，希望他能出人頭地。這種觀點已爲大多數猶太父母所接受，於是有越來越多的家長開始讀「胎教大學」。

向胎兒傳遞積極的情感資訊

胎兒除了從母體吸取必要的物質營養外，還需要豐富的精神營養，如果這時候父母能夠給他提供足夠的、積極的精神食糧，無疑地，孩子的智力一定是高的，身體一定是健康的，這些精神營養依賴母親情緒的影響。

猶太教育專家認爲，孕婦的情緒對胎兒的成長發育，起著極其重大的作用，因此，他們設置的胎教方案，首先是調節孕婦的情緒，其次讓孕婦把自己的積極情緒傳遞給胎兒，從而促進胎兒的綜合發展。

孕婦一定要注意自己的情緒，而身體的好壞會影響自己的情緒，因此，這時的飲食一定要注意，如多吃新鮮的水果、蔬菜，少吃辛辣食物。

孕婦的衣著對自己的心情產生很大地影響，孕婦完全有必要精心裝扮自己。因此，孕婦化淡妝，穿著自己喜歡的衣服，都會使自己心情愉快。

另外，還要注意儘量減少吃藥，所以要降低疾病的發生率——孕婦的一切都會影響孩子的未來。

猶太教育專家認爲，孕婦傳遞自己的積極性思想，是胎教的重要內容。

有的猶太父母會給自己未來的「寶貝」先取好名字，這樣在進行母子溝通時，母親一邊撫摸著自己的肚子，一邊輕聲呼喚自己孩子的名字，這種方式產生了非常好的效果。有一位母親說：「當我生產時，本來是難產，但那時我在心裡呼喚我的女兒，是她給了我力量，結果孩子很容易地生下來，智力沒有受到任何影響。」

猶太教育專家建議，父母應該把自己對孩子的強烈企盼變成語言，如「我們非常盼望你的出世」、「你將是我們的自豪」等，時常傳遞給孩子。

孕婦還可以購買一張漂亮男孩或女孩的大幅照片，貼在自己可以經常看到的地方，在自己頭腦中形成一個清晰的印象，想像自己可以同化腹內的胎兒。

心想事成，你所希望的東西將潛移默化，你就一定會造就一個優秀孩子。

向胎兒傳遞音樂資訊

妊娠末期，胎兒的神經系統的發育已經基本完善，在這一階段，如果父母給胎兒聽音樂，或有意識地唱歌給他聽，會收到意想不到的效果。

這時候可以放一些優美的古典音樂、兒歌、兒童故事、催眠曲等等，這對促進胎兒腦細胞的樹突和軸突增長、增多，對寶寶出生後具有更加敏銳的接受、消化能力很有好處。

在唱歌時，一方面母親可以陶冶自己的情操，獲得愉快的心情；另一方面，母親歌唱時的愉快心情會傳遞給胎兒，這一點是任何形式的音樂所不能替代的。

如果不會唱，母親可以買來錄音帶或其他有聲材料，一邊聽，一邊跟著哼唱。每天要多進行幾次。

向胎兒傳遞運動資訊

到十七週時，胎兒就開始懂得自己運動了。這個時候的胎兒，在母親腹中會做一些動作。當妊娠十八週時，母親就能感覺到胎動了。

猶太教育專家這時開始對胎兒進行運動的刺激。實驗結果表明，在子宮內受過運動訓練的胎兒，出生後翻身、爬行、坐起及行走等動作，明顯早於一般孩子，他們後來所表現出的智力，也明顯高於其他孩子。可見，運動訓練直接影響孩子的智力和身心的綜合全面發展。

胎兒的運動訓練，從妊娠的三、四個月開始，訓練時孕婦仰臥，全身放鬆，先用手在腹部來回撫摸，然後用手指輕輕按腹部的不同部位，並觀察胎兒的反應。此時的動作一定要輕柔，時間要短。

幾週後，胎兒就能適應這種訓練，會積極地做出一些回應，如踢腿等動作。

妊娠六個月時，胎兒的頭部和肢體已經可以觸摸得到。從這個時候開始，母親可以輕輕地拍撫腹部，配合胎教音樂，用雙手輕輕地推摸胎兒，幫助他在子宮內運動。這時候運動的時間也不宜太長，以二分鐘至五分鐘爲宜。

第二章

CLASSICAL STORY THE BIBLE OF JEWISH HOME-EDUCATION

猶太家庭的理想教育

PART 2

目標決定了人的一生，它能激勵人面對困境也不氣餒。

所以對善於立志的猶太人來說，
成功的機會比其他民族大得多。

1 幫助孩子確定人生目標

經典故事

律師和牙醫

美國的街道上，一個猶太母親領著兩個小孩玩耍。

這時，一個路人問：「兩個小傢伙這麼可愛，幾歲了？」

這個母親回答說：「律師五歲，牙醫三歲。」

戴衛．布朗的成功

戴衛．布朗是一位英籍猶太商人，出生於一九〇四年。父親經營著一家小型齒輪加工廠，幾十年來慘澹經營，僅能養家餬口。布朗的父親是一個很有頭腦的人，他認爲自己一生沒有取得大成就的原因，是自己沒有確定奮鬥目標，於是，他把自己的希望都寄託在兒子身上。

從布朗小時開始，父親就嚴格要求布朗讀書，從小樹立遠大的目標。每逢假日還規定他到自己的工廠，去從事艱苦的體力勞動，磨礪他的性格。布朗在父親的嚴格教育下，既熟悉了工廠程序，又增加了技術才幹，還獲得了很多管理知識。

布朗在接下了父親的產業後，當時汽車逐步進入開發國家的家庭，布朗預感汽車大賽將成爲人們的一種娛樂，就給自己制定了遠大目標：介入汽車業，製造世界上最好的賽車。

他先是成立了自己的汽車製造公司——戴衛・布朗汽車公司，專攻賽車。他不惜花巨資聘請專家和技術工人，採購先進設備。

一九四八年，戴衛・布朗汽車公司製造的「馬丁」牌賽車，在比利時舉辦的國際汽車大賽上奪魁，戴衛・布朗汽車公司也一舉成名，訂單如雪片般飛來，布朗也從此走上了發達之路。

戴衛・布朗的成功，是典型的確立目標、實現目標的成功案例。

❖《塔木德》智語

「美麗、力量、財富、榮譽、智慧、成熟都是正當的，而且就是世界。」

猶太人的追求

一八八四年曾發生了一件很有意思的事：居住在美國紐約的德國猶太人出於善意，希望提供技術工人教育，讓從東歐移民來的貧窮的猶太人少年上學。於是，他們捐款建立了「紐約希伯來技術學院」。但是那些猶太移民卻拒絕這個「機會」，因爲猶太父母對自己的子女有更高的期望，不希望他們只做鉗工或電工等技術工種的工作。

一九一〇年，大量猶太人湧入美國。剛開始，他們與一起移民來的英國人、西班牙人、葡萄牙人一樣，都是從事最簡單的體力勞動。他們中每十個人中有八個是體力工人。但是過了幾年，情況就有了變化，已經很少有猶太人再從事體力勞動了。對於猶太人來說，他們開始從事這些出賣體力的職業，是由於自己遭受歧視、缺乏機會，爲了生存，不得不這麼做，當他們解決了基本的生活難題後，就再也不做這樣的工作了。這些工作報酬低微，付出的勞動又多，而且相當不穩定，尤其這些工作降低了他們的身分，讓人沒有成就感，這絕對不符合猶太人的追求。於是，他們依靠自己良好的教育背景，紛紛從事那些體面的、報酬高、穩定的工作。

當時的美國，已經開始實行免費義務教育，在其他族裔人因爲貧窮而將孩子送去做工賺錢時，猶太人卻把自己的孩子送去讀書。

由於重視教育，猶太人社會地位的上升，要比其他少數族裔快得多。儘管俄國、東歐第一代猶太移民的文化程度很低，但他們不管自己多窮苦，也要千方百計送子女進學校受教育。在東歐，猶太人母親會唱著「搖籃曲」，幫助自己未來的「學者子女」入睡；而父親則加班工作，努力賺錢，希望把自己的子女培養成醫生或律師。這一堅持不懈的努力很快見效，他們的下一代已具有較高文化，成爲各行各業的專門人才。

一項關於紐約俄國猶太移民職業的調查顯示：第一代男性移民中，61.2%的人在加工業工作，只有27.5%的人經商；這個百分比在第二代男性移民中，就發生了驚人的變化，32.6%的人從事加工業，57.8%的人經商。一八九一年時，只有十幾個來自東歐和俄國的猶太人，在紐約當醫生和律師。但只過了十年，當醫生和律師的數字已上升爲千人。對大多數移居美國的拉美裔家庭來說，要取得同樣的進展，需要幾代人的時間；非洲裔美國人則用了更長的時間。

今天，美國猶太社團的人均受教育程度，仍是各族裔中最高的。

從小確立人生目標

人的一生應該是一個不斷求索和前進的過程，奮鬥不止和方向正確是成功所必不可少的。

如果僅有努力的行動，而方向不明晰、道路方向不清楚，那麼個人的精力就可能會分散而不集中、朝三暮四，最終空手而歸。

立志類似於圖紙對於建設一座大樓，如果沒有圖紙，就不可能有一座大樓。

人的生命有長有短，有人長命百歲，有人夭折，但不管怎樣，每個人的一生都是寶貴的，因爲人的生命只有一次。因此，人必須珍惜自己的生命，在有限的人生中實現自己的價值。

猶太人由於其所處的惡劣環境，和父母的有意識的教育，普遍能心懷大志，從小確立自己的人生目標，然後全力以赴而終致成功。

目標決定了人的一生，它能激勵人面對困境也不氣餒。所以，對善於立志的猶太人來說，成功的機會比其他民族大得多。

給自己加滿「水」，才不會被打翻

那些胸懷大志的人，沉重的責任感時刻壓在心頭，砥礪著人生的堅穩腳步，從歲月和歷史的風雨中堅定地走出來。而那些得過且過、空耗時光的人，像一個沒有盛水的空水桶，往往一場人生的風雨，便把他們徹底地打翻了。

給我們自己加滿「水」，使我們負重，這樣才不會被打翻。

法國猶太裔作家馬塞爾．普魯斯，在談到自己的父親時說，「在我們兄妹上學以後，父親經常問我們的問題是：你是否已經決定了一生最重要的目標？你是否已經決定了實現目標的時間？你是否已經制定了實現目標的詳細計畫？你是否已經確定了你的學習榜樣？如果我們答不上來，父親會懲罰我們，所以我們從小就確立了自己的目標。」

馬塞爾．普魯斯能寫出《追憶似水年華》這樣偉大的作品，就絲毫不奇怪了。

經典故事

空船和負重船

一艘貨輪卸貨後返航，在浩淼的大海上，突然遭遇巨大風暴。老船長果斷下令：「打開所有貨艙，立刻往裡面灌水。」

水手們擔憂地問：「往船艙裡灌水是險上加險，這不是自找死路嗎？」

船長鎮定地說：「大家見過根深幹粗的樹被暴風刮倒過嗎？被刮倒的是沒有根基的小樹。」

水手們半信半疑地照著船長的話做了。雖然暴風巨浪依舊那麼猛烈，但隨著貨艙水位越來越高，貨輪漸漸地平衡了。

船長告訴那些鬆了一口氣的水手：「一個空木桶，是最容易被風打翻的。如果裝滿水負重了，風是吹不倒的。船在負重的時候是最安全的，空船才是最危險的時候。」

人何嘗不是這樣呢？

最有效的理想教育方法

大物理學家赫茲，從小在叔叔身邊，接受了很好的啓蒙教育。不幸的是，在赫茲八歲那年，年僅三十七歲的叔父就過早去世了。出殯那天，世界上許許多多著名學者不遠千里前來弔唁，甚至連皇帝、皇后也親自趕來送殯。母親拉著赫茲的手，指著長長的送殯隊伍說：「你叔叔獻身科學事業，受到全世界人們的無限敬仰，你要好好地向叔父學習呀！」赫茲把母親的話銘刻在心間。後來，他一有空暇就閱讀叔父遺留下來的書籍和日記，每遇挫折時就信心倍增。皇天不負有心人，他最後終於成功了。

在畢卡索三歲半時，父親的朋友、歐洲著名畫家安東尼奧，抵達他們所在的馬拉加市，連國王都出動了，他們爲畫家舉行了盛大的歡迎儀式。作爲市立博物館館長的父親，專門帶上了小畢加索。從此，畫家的神聖地位，在小畢卡索心中留下了深刻印象，他從此喜歡上了繪畫。

從赫茲和畢卡索身上，我們可以得出如下結論：讓孩子從自己的親身經歷中樹立遠大理想，是最有效的理想教育方法。

因此，我們可以讓孩子從小見識一些成功人士，他們的美麗、力量、財富、榮譽、智慧、成熟，會給孩子留下終生的深刻印象，更容易讓孩子從小樹立遠大的理想。

2 苦難教育激發成功動力

經典故事

心甘情願獻出我的一生

「我的父母都是猶太人。我自己至今也還是一個猶太人。」

猶太血統對於佛洛依德的成長，產生了很大的影響。這不僅是指猶太人的語言、思維習慣和生活方式，而且，更重要的是定居於歐洲各地的猶太人，在漫長的歲月中所遭受的侮辱和歧視，給佛洛依德提供了無形的強大精神力量，激勵著他奮發圖強、專心致志地從事對人類精神活動的科學分析事業。更確切地說，使佛洛依德成為一個偉大的心理學家的重要因素，與其說是猶太人的血統，不如說是猶太人所身受的壓迫和歧視。

佛洛依德曾說：「我經常地感受到，自己已經繼承了我們的先輩為保衛他們的神殿，所具備的那種蔑視一切的全部激情；因而，我可以為歷史上的那個偉大時刻，心甘情願地獻出我的一生。」

努力學習和工作才能對得起祖先

諾貝爾獎獲得者、著名醫學家弗萊明，說起他小時候的生活時，說：

「我們從小被父母帶去參加各種宗教活動，我們很小就知道：我們是『上帝擇選的子民』，這位上帝是宇宙萬物的造物主與主宰者，是全能的、超越一切的，不受任何物質存在、形式和表現的約束。他是永恆的，存在於所有的歷史事件中，並以某種方式發揮作用。他不僅創造了自然界及其秩序，還創造了人類應當遵守的道德律法、倫理規範及與之相應的社會秩序，這些律法、規範與秩序，不僅對猶太人適用，而且對每一個人、每一個民族都適用。

「每天，父親都要我們兄妹和他一起祈禱：『來年，讓我們返回耶路撒冷！』每天三次，分別是早餐前、午餐前、晚餐前。我們從小就知道，在建房時要留一部分不裝飾，婚禮時要打碎一個玻璃杯，安葬時要放一小袋聖地土，以示不忘故土。從小我們就知道，我們的未來在耶路撒冷——猶太人心目中的聖地。

「猶太人或許是人類命運最悲慘、最多苦難的民族，我們的祖先流散在歐洲，遭受一次又一次反猶浪潮的迫害、屠殺，回歸故土成爲我們絕望中的精神支柱。

「父母教育我們，爲了返回聖地，我們必須活著，我們必須努力學習與工作，才能對得起我們祖先。」

❖《塔木德》智語

「如果我們不爲自己努力，我們靠誰？」

「如果我們只爲自己努力，我們成了什麼？」

「如果我們現在還不明白，我們要等到何時？」

猶太人的成就需要

美國著名學者麥克蘭德，廣泛研究人類成功的動機問題，於一九六一年出版了《追求成功的社會》。他相信很多「動機」或「渴望」來自於個人的民族文化。他寫道：「擁有比較高的成就需要，會鼓勵一個人制定挑戰性極高的目標，努力達到目標，並且運用所需要的技巧和能力來完成目標。」

麥克蘭德在猶太人身上發現了一種追求成功的動力，促使猶太人在學術、高收入職業和創造方面追求卓越。他認爲，猶太人因爲宗教的關係，擁有比較高的成就需要。

猶太人在全世界的人口不過一千五百萬，美國有六百萬，占美國總人口2%強；以色列五百萬，俄羅斯二百萬，剩下的在法國、英國、阿根廷和中東一些國家。全世界所有的猶太人加在一起，也只有南美的貝魯、非洲的剛果和亞洲的斯里蘭卡這些小國家的人口而已。如果以世界人口五十億來計算的話，他們只不過占了千分之三。

但，猶太人培育出無數的人才，對世界文化和經濟產生了巨大的影響，我們可以在猶太歷史裡找得到一些原因。

自古，猶太人生活中就有很強的精神因素，他們是靠信仰生活的一個群體。從三千二百多年前，摩西帶領剛剛脫離奴隸身分的猶太人，逃出埃及回到巴勒斯坦，到中世紀歐洲各國對猶太人的迫害，最後是納粹對猶太人的大屠殺，這個文化群體受盡了千年的磨難。

猶太文化以先知著名，這些精神領袖（包括後來的猶太教師）是猶太人精神上的指路人，他們告誡猶太人要堅信自己的宗教，受盡苦難的猶太人終會有救世主彌賽亞來拯救他們。

這種「整體得救」的宗教信仰，保持了散居各國猶太人的團結和自己的文化特徵；猶太教堂既是宗教禮拜場所，也是教育機構。猶太教崇奉一神耶和華，以家庭爲其敬神中心，所以宗教能保存至今；猶太教注重宗教教育、家庭清潔、刻苦勤勞、團結奮鬥，以至於能抵禦強敵復國；猶太人始終相信，猶太教是世界上最好的宗教，故改信他教者少之又少，這是猶太教不容抹滅的優點。

不忘苦難的危機意識

有這樣的一個科學實驗，科學家燒開一鍋油，把一隻青蛙丟進滾熱的油鍋裡邊，那隻青蛙竟然跳離了油鍋；然而，把這隻青蛙放進注滿水的鍋裡，下面放火去加熱，這隻青蛙開始還覺得溫熱，後來水越來越熱，牠也無法離開鍋裡，最後被水煮死。

猶太人就像那隻被丟到油鍋的青蛙，他們時刻充滿了危機意識，在任何情況下都保持著警惕。許多猶太人的一生，經歷了許多的痛苦和苦難，因此，當他們有了安定的生活的時候，他們是絕不會忘記曾經受過的苦難的。在他們的心裡時刻充滿了警惕，目的就是不讓自己忘記過去。

為了不讓自己忘卻苦難，猶太人制定了各種的規則，在他們的日常生活、紀念節日、假日甚至婚禮上，都時刻提醒自己不要忘記自己的痛苦。

他們每週的休息日是從星期五開始，直到星期六為止，星期天規定為一週的開始。為什麼要把週五的黑夜訂為全家幸福愉快節日的開始呢？《塔木德》是這樣解釋的：「因為與其明亮地開始、黑暗地結束；倒不如黑暗地開始、明亮地結束。」這就提示人應該先吃苦再享受。

他們不僅在休息日提示不要忘記痛苦，即使在猶太社會的紀念日中，最盛大、最隆重的節日——「逾越節」——也同樣作了規定。「逾越節」這天是猶太人紀念他們重返以色列的日子。在這一天，他們早早準備好精美的食品、華麗的服飾，大家快樂地度過這個美好節日，但是在這個節日上，猶太人規定每個人必須要吃一種很粗的麵包，還有一種很苦的野菜的葉子，因為這些代表著屈辱和失敗。

據猶太歷史記載：猶太人早期的時候曾在埃及做奴隸，過著很悲慘的生活。西元前十五世紀的時候，他們在自己的英雄摩西的率領之下，越過沙漠，由於來不及準備吃的，他們只有吃那些沒有發酵的麵餅和路途上的野菜，最終千里迢迢、千辛萬苦地回到以色列。這件事距離現在已經有三千五百多年了，可是時至今日，猶太人仍然在紀念那段苦難的日子，讓自己不要忘記苦難和屈辱。

即使在結婚這樣喜慶、重大的事情上，他們也提醒新人不要忘記苦難。婚禮規定新人不能把酒喝完，然後把酒杯完整地放入盤中，而是喝完酒後把酒杯摔碎，這個動作表示兩個人同甘共苦，一起度過艱難的一生。希望兩個人不要講究享樂，並告訴他們，一味享樂、忘記艱辛是敗家的象徵。

人們評價猶太人的危機感及憂患意識說：「每當幸運來臨的時候，猶太人總是最後感知；而每到災難來臨的時候，猶太人總是最先感知。」

任何一個猶太人都知道他們是輸不起的，他們只有成功，失敗了就意味著滅亡和永遠沒有機會再來，因而他們都異常努力。很多猶太人就是在別人看起來根本就不可能東山再起的絕境的時候，取得了成就。打開猶太名人的少年經歷，就會發現，在十個猶太名人裡面，有八、九個是從小在苦難、坎坷中長大的。猶太人的這種逆境成功的精神，永遠爲世人所敬佩。成功對於他們來說，不是「我需要」，而是「我必須」。

於是，世界各地的猶太人爲了自己「上帝的選民」這個稱號而自豪，使這個倍受欺凌的民族團結在一起。他們用自己巨大的財富，讓世人對他們羨慕和妒忌。知道了自己民族之所以被人欺凌的原因，是由於他們沒有形成一個強大的國家和政府來保護自己，於是在幾位猶太愛國人士的積極倡導下，他們發動了猶太復國運動，別人覺得那樣流散四方而又弱小無助的民族，是不可能建立一個國家的，但是在很短的時間裡，一九四八年，他們建立了自己的國家—以色列，全球各地的「上帝的選民」，紛紛匯聚到他們的聖地巴勒斯坦，各地的猶太富豪們紛紛慷慨解囊，捐獻自己的財產，他們很快地把自己的祖國建設成了一個強盛、富裕的國家，取得的各項成就讓世界感到驚訝。在歷經了二千多年的流浪、迫害、屠殺之後，成就了一個歷史的奇蹟！

經典故事

斯賓諾莎的苦難教育

小時候的苦難教育，在斯賓諾莎幼小的心靈中，留下了深刻的印象。童年的斯賓諾莎，常常一個人站在猶太懷疑論先驅阿古斯塔的墳墓前凝神冥想，一種成功的渴望在他的心底萌生，這種渴望伴隨了他的一生。後來成爲著名哲學家的斯賓諾莎，在回憶錄中說：

「我們家宗教氣氛特別濃厚，每逢重大節日，父親總是要給全家人講述猶太人的苦難，這給我留下了難以磨滅的印象。我開始記事起的第一個節日是『逾越節』。

「逾越節是紀念摩西帶領猶太人逃出埃及而設立的，透過吃特別食品和向後代講述出逃的艱難歷程，教育後人認識生命的艱難。

「逾越節家宴由四杯酒串連起來。第一杯酒，由一家之長的父親舉杯致祝福詞，家宴開始。第二、三杯酒在家宴的中間喝，分別在講述《哈伽達》前後喝。《哈伽達》是一本有關猶太人出埃及的故事集，它不僅講述了猶太人在埃及所受的苦難及出逃的艱難，還說明了所有食品的涵義。第四杯酒，感謝上帝的保佑，宴會結束。

「家宴還有三塊無酵餅，一大盤食品，包括五種食物：

「烤羊腿，作爲祭品，因爲失去聖殿，在宴會上代祭。

「烤雞蛋，猶太人早飯習慣吃雞蛋，烤的雞蛋很堅韌，難以咬碎，寓意猶太民族像烤雞蛋一樣，受的苦難越多、越堅韌。

「由水果、香料和酒混合而成的哈羅塞斯，呈泥狀，象徵埃及人不給泥土卻逼他們做磚而受的苦難。

「苦菜，也是紀念猶太人在埃及受的苦。

「鹽漬芹菜，猶太人通過紅海時，曾喝過紅海的充滿苦澀味的海水，意思是永遠記住猶太人出埃及受過的苦。」

以色列的馬薩達教育

一九九五年，筆者隨一個旅遊團去拜訪以色列最著名的古跡馬薩達。馬薩達是以色列人不屈不撓民族精神的象徵，要理解以色列和猶太民族，這個地方不可不去。

出耶路撒冷往東南方向，沿著死海的海岸驅車大約四十公里，就遠遠地看到一座拔地而起的山丘，著名的馬薩達要塞遺址就在山頂。

在死海地區，太陽日照的天數多達三百多天，陰天和下雨的日子很少。在這總是「陽光燦爛的日子」裡，卻有著猶太民族歷史上最悲壯的記憶，這就是裸露在驕陽下的這一片廢墟——馬薩達。

在入口處，正有一批新兵在進行宣誓儀式。原來，復國後的猶太人在入伍時，都會來到馬薩達，許下自己的誓言：「寧爲自由死，不做奴隸生。」以色列軍隊的新兵在馬薩達進行入伍宣誓的另外一句著名的誓言是：「馬薩達再也不會被攻陷。」

馬薩達是以色列歷史上最慘烈的一次戰鬥的見證。它曾是約二千年前的猶太人在這片土地上陷落的最後一個城堡。西元七〇年，羅馬人占領了耶路撒冷，對猶太人大肆殺戮，倖存下來的猶太人紛紛攜帶家眷，投奔馬薩達。

馬薩達是希律王修建的，固若金湯、易守難攻。那裡存有滿倉滿櫫的糧食；雨水被城堡裡精密的渠道收集起來，後備充足。儘管是最後的孤城，但沒有什麼能夠動搖猶太人抵抗的決心。

羅馬人的圍攻持續達數月之久，他們甚至還在山旁堆了一座與山同高、巨大無比的土堆，再堆一個巨大的斜坡到城堡的圍牆下，以便採取火攻，這也許是唯一能夠讓猶太人屈服的辦法。根據介紹，當時羅馬大軍有一萬到一萬五千人，而堅守馬薩達的猶太人，包括婦女兒童在內，也一共只有九百六十七人。

西元七三年四月十五日，就在羅馬人點燃柴火、馬薩達即將陷落的前夕，馬薩達要塞與上萬羅馬大軍抗爭到最後的猶太人決定集體自殺。他們抽籤選出十名勇士作爲自殺的執行者，所有人緊抱妻兒，躺在地上，自願接受親密戰友的一劍。最後這十名勇士再抽籤選出其中一人處死其他殺手，再放火燒毀城堡後自盡。

第二天清晨，攻入城內的羅馬人驚訝地發現，他們沒有遇到任何抵抗。但是他們很快發現，這死般的寂靜，比遭遇抵抗更爲可怕：他們歷經數月攻下的，不過是一座屍骸遍地的死城。從此，猶太人的足跡從這片土地上消失，直到二千年後的一九四八年，重新在這裡建立以色列國。

在殉難前夕，猶太人領袖愛力阿沙爾，發表了後來在以色列人人盡知的著名演說。他說：「天亮時，我們將不再抵抗，感謝上帝讓我們能夠自由地選擇，和所愛的人一起高貴地死去。讓我們的妻子沒有受到蹂躪而死，讓我們的孩子沒有做過奴隸而死吧！把所有的財物連同整個城堡一起燒毀。但是不要燒掉糧食，讓它告訴敵人：我們之死不是因爲缺糧，而是自始至終，我們寧可爲自由而死，不爲奴隸而生！」

這就是馬薩達，一個民族乃至世界的一段慘烈的往事，一個以少弱勇敢抵抗強敵的往事，一個爲了政治和宗教自由而不惜犧牲生命的往事。今天，它已經成爲世界範圍的一個勇敢、自由精神的象徵，成爲很多旅遊者心目中的聖地。

在馬薩達有一句名言：「我登上了馬薩達。」

3 教育孩子從愛書開始

經典故事

只會讀一本書

在古代的以色列，有一個人的兒子對學習毫無興趣，他的父親最後不得不放棄努力，而只是教他讀《創世紀》一書。後來，羅馬人攻下了他們居住的城市，俘虜了這個男孩，把他囚禁在一個遙遠的城市。

凱撒大帝來到了這個城市，來視察男孩被囚的監獄。在視察時，好學的凱撒要求看一看監獄裡的藏書。結果，他發現了一本他不知道怎麼讀的書。

「這可能是一本猶太人的書，」他說，「這裡有人會讀這本書嗎？」

「有，」典獄官答道，「我這就帶他來見您。」

典獄官把那個男孩找來，對他說：「如果你不能讀這本書，國王就會要你的腦袋。」

「父親只教過我讀這一本書。」男孩答道。

典獄官把男孩從監獄裡提了出來，把他打扮得光鮮亮麗，帶到凱撒面前。皇帝讓人把書擺到男孩面前，年輕人就開始讀，從「起初，上帝創造天地」一直讀到「這就是天國的歷史」。

這是《創世紀》的第一章和第二章的一部分。

凱撒聽著男孩讀完，說道：「這顯然是上帝的旨意，賜福的上帝向我打開他的世界，要我把這孩子送回到他父親身邊。」

於是，凱撒讓人送給男孩金銀，並派兩位士兵把男孩護送回到他父親身邊。

「儘管這孩子的父親只教他讀了唯一的一本書，仁慈的上帝就這麼獎賞他。那麼，想一想，如果一個人不辭辛苦地教他的孩子《聖經》、《密西拿》和《聖徒傳記》，那他得到的獎賞該有多大啊！」

設法獲得上帝的獎賞，這就是猶太人死後也要讀書的原因。

《塔木德》智語

「即使是敵人，當他向你借書的時候，你也要借書給他，否則，你就是書本的敵人。」

「把書本當做你的朋友，把書架當做你的庭院，你應該爲書本的美麗而驕傲，採其果實，摘其花朵。」

崇拜書的民族

猶太民族是「愛書的民族」。這個民族對書的崇拜、對知識的渴望和學習，已經不是一般的求知好學可以概括的，他們已經達到了宗教般的狂熱和崇拜。對於他們來說，書就是他們一切智慧的根源，也是一切財富的來源。

在猶太人家庭裡，小孩子稍微懂事，母親就會翻開《聖經》，背著孩子滴一些蜂蜜在上面，然後叫孩子去舔《聖經》上的蜂蜜，讓孩子初步感知書本是甜的，並逐漸體會出讀書是愉快的事情。

在古代，這種風俗是一種非常正式的儀式。孩子們頭一次進教室上課，要穿上新衣，由教士或有學問的人帶到教室。在那裡，每個孩子都可以得到一塊乾淨的石板，石板上有用蜂蜜寫成的希伯來字母和簡單的《聖經》文句，孩子們一邊誦讀字母，一邊舔掉石板上的蜂蜜。隨後，拉比們會分給他們蜜糕、蘋果和核桃——所有這一切都旨在使他們在學習上一開始就嘗到甜頭。

猶太人有個古老的習俗，用蜂蜜沾在做成字母形狀的糕點上給小孩吃。小孩子嘴饞，又喜歡吃甜食，吃得多，記住的字就多。這是一個非常聰明的開發智力的方法。中國古老的抓「周」傳統一生才一次，字母糕點卻常常吃。從這個意義上講，應該給猶太母親頒發諾貝爾教育獎。

在傳統的猶太家庭裡，有一個世代相傳的規定：書櫥只可放在床頭，不可放在床尾。這樣的規定就是告誡自己民族的人，書是神聖的，不能對書本有所不敬。

在猶太人的聚居區，常常會有這樣的事情：如果一個人在旅途中發現了故鄉人未曾見過的書，他一定會買下這本書，帶回去與故鄉的人分享。外來的書籍和知識是別人智慧的結晶，應該拿來學習和利用。猶太人從來不焚書，即使是一本攻擊猶太人的書。

《塔木德》這樣說：「把書本當做你的朋友，把書架當做你的庭院，你應該爲書本的美麗而驕傲，採其果實，摘其花朵。」他們把這樣的箴言一代代地傳遞給後世子孫，告訴他們一定要勤奮讀書。爲了能讓所有的人知道學習的重要性、都熱愛學習，他們的猶太教制訂了許多的教義。

猶太人還有這樣的規定：「生活困苦之餘，不得不變賣物品以度日，你應該先賣金子、寶石、房子和土地、到了最後一刻，在你不得已的時候，才可以出售圖書。」猶太人是這樣解釋的，世間的一切金銀珠寶、房屋、土地，都是可以變化消逝的東西，而知識則是可以長久地流傳的財富，因此，無論在什麼時候，都不可以拋棄書本。

猶太人認爲，人們可以有各種仇恨和恩怨，然而書是沒有邊界的，他是屬於全人類的，不能因爲我們存在各種偏見，影響智慧和眞理的存在。爲了維護書籍的傳承性，並且把它眞正地給所有熱愛它的人們，一七三六年的時候，拉脫維亞的猶太社區通過了一項法律，該法規定，當有人借書的時候，如果書本的擁有者不把書本借給他人，應罰以重金。這次立法是有史以來，人類爲書籍立法的第一次，這在其他民族的法律史上是沒有見過的。

猶太人同時還規定，如果有人去世了，要在棺材裡放幾本書，讓書伴隨他們死去的軀體。他們這樣做的用意很明顯，知識是浩瀚無邊的、永遠也學不完的，即使人死去了，但他的靈魂也應該繼續學習。

經典故事

書的海洋

猶太哲學家弗洛姆的家裡是「書的海洋」，大部分是他的曾祖父留下的猶太法典類的著作。弗洛姆的曾祖父是一位窮經皓首的猶太法典編纂者，他的雙親的祖輩好幾代都是猶太拉比。

正是在這一家庭環境的薰陶下，弗洛姆從小就博覽群書。他對《聖經》頗有研究，《聖經》上好些富有神秘色彩的遠古傳說，打開了他充滿幻想的心靈世界。

知識是永遠也奪不走的財富

猶太人熱愛書本，是因爲知識儲藏在書本裡，在他們的眼裡，知識是唯一的永遠也奪不走的財富。在這個世界上，什麼都是不重要的，世俗的權威不重要，財富和金錢不重要，只有知識才是最重要的。權威沒有了，人們的擁戴和支持就不能形成，財富和金錢也會隨著時間發生變化。知識是你生存和發展的可靠的保證。猶太人在歷史上不斷地遭人驅逐，被迫四處流浪，他們的財富可以被任意地剝奪，然而只要他們擁有了知識，他們依然可以憑藉自己良好的教育、傑出的智慧、經商的經驗，很快地再次變得富有。

因此，唯一不可以帶走的是知識，這是毫不誇張的。猶太人的經典如《聖經》、《塔木德》等，是他們保證自己是猶太人的根本，也是他們再度富有的知識和理論的根源，知識是他們在長期的流浪生活中，重新振作起來的根本原因。這也正是猶太民族熱愛知識、酷愛學習，以至於達到了無以復加的程度的現實原因。

猶太人認爲，對於後代，與其把那些有限的財富交給他們，不如把可以永遠打開財富之門的金鑰匙——知識——給他。在這個世界上，財富是可以隨著境遇的改變而消失和增加的，它始終處於一個變化不定的狀態中；而知識卻是永恆的，它是不會隨著時間和條件的變化而改變的。

今天，世俗教育（非宗教教育）早已取代了過去的宗教灌輸。熱愛知識的猶太人，迫不及待地投入了現代的教育。在猶太人聚集的北美，免費的公共教育體制，把大批的猶太人招進學校的大門，這對猶太人來說，是他們最大的福祉。北美給他們的最大的恩惠，莫過於開放性的教育體制，因爲這種體制，截然不同於歐洲的那種國家主導的、具有宗教取向的學校體制，在那些地方，猶太人往往是被排斥在學校之外的。

猶太的父母則會竭盡全力，使他們的子女完成學業。猶太人讓父親出去賺錢，母親留在家裡照看孩子，以確保他們的孩子能夠上學。爲了子女們的教育，家長們眞是想盡一切辦法，也要保證自己的孩子不落後於其他的孩子。猶太孩子們經常在超過了國家要求的接受教育的年齡，甚至在超過正常做工年齡之後，仍在學校裡學習。對於一個猶太家庭來說，他們的子女如果能夠考取博士，這就是父母的最大榮耀了，這個家庭也將成爲大家爭相學習和效法的對象。

正因爲猶太人是如此的重視教育，因此大多數猶太人都得到了良好的教育。在美國的猶太人中，有84%的人念過四年高中，有32%的成年人受過高等教育。美國的一項調查顯示，猶太人平均接受過十四年的學校教育，而非猶太的白人平均只受過十一年半的教育。

對於任何一個時代來說，教育都是通向成功的途徑。

今天的社會，受教育程度和收入水準之間，更是存在著直接關聯。據統計，一個高中畢業生一生大約要比一個初中畢業生多賺十萬美元。一個大學畢業生要比一個高中畢業生多賺二十五萬美元。

早在十一世紀時，猶太民族就幾乎消滅了文盲，人人都能閱讀識字。在當時歐洲的基督教徒中，絕大多數人卻是文盲。儘管猶太人的學習，只局限於狹窄的宗教內容，但是當歷史進入近現代以後，猶太民族樂於學習、善於學習、崇尚知識的巨大優勢，立刻顯現了出來。他們迅速地適應和接受了現代世俗教育，在文化科學領域裡，迅速地走到了別人的前面。在近現代，猶太民族人才輩出、群星璀璨，出現了一大批的科學家、眾多的諾貝爾獎獲得者和各行各業的傑出人物。

愛書的以色列人

以色列人愛買書、愛讀書、愛寫書。在以色列，無論是街頭還是巷尾，無論是車站還是碼頭，專心致志讀書的人隨處可見。在每個家庭裡，書房是必備的。

在安息日期間，猶太人開的一切商場（除書店外）、飯店、娛樂場所全部停業，交通全部中斷，每個人都必須在家中「安息」和祈禱，嚴禁外出。但只有一種行爲是允許的，那就是讀書和買書。如果從陽台上向下眺望，你會發現海灘上空空蕩蕩，大街上也無人跡，但書店是開門營業的。每個書店裡都擠滿了人，除了翻書的聲音，你聽不到任何其他聲音。

以色列人愛書，還表現書報刊雜誌的種類上。令人震驚的是，在這個人口僅有五百多萬的國家，竟有八百九十種刊物。在以色列，書報刊的價格非常高，如每份報紙售價高達六美元，大多只有四十八版；訂一份報紙的月費用達到一百八十美元。儘管如此，普通的以色列家庭每年至少訂閱三份。

《耶路撒冷郵報》是全世界最有影響的報紙之一，每天的發行量為一百萬份，平均每五個以色列人一份。

聯合國科教文組織的一次調查表明，在以猶太人為主的以色列，十四歲以上的國民平均每月讀一本書，全國五百萬人，就有一百萬人有圖書證，每四千五百人就有一個藏書量達萬冊以上的圖書館，人均占有圖書館和出版社居全球首位。

實踐證明，一個嗜書的民族，是一個充滿希望的民族。

猶太人的發跡歷史和以色列的強大，說明了這樣的一個問題：他們首先是世界上最重視知識的民族，然後才成為世界上最富有的民族，這已經是一個規律，如果想擁有財富，就必須先擁有知識。

為孩子創造讀書學習的「軟環境」

我們要給孩子創造一個學習的環境，讓孩子在「耳濡目染」中懂得學習的重要性，不只是硬環境，還要給孩子創造「軟環境」。

據美國科研人員發現，孩子的自我期望開始於家庭。因此，我們如果眞的認爲學習對孩子非常重要，我們必須透過父母的言語表現出來，重複地向孩子宣揚智慧帶來成功，長期以往，孩子也會這樣認爲。

除此之外，要讓孩子養成良好的學習習慣，使孩子主動學習，家長還要做到：

1. 養成每天晚上全家一起閱讀的好習慣，全家人靜靜地坐在一起，閱讀自己喜歡的書籍。
2. 幫助孩子訂一份報刊或雜誌，並督促孩子自己閱讀。
3. 每週拿出一天時間來共同閱讀報紙，就關心的話題展開討論。
4. 每週拿出兩天，用一小時的時間與孩子一起玩，或讓孩子參加能促進孩子語言能力發展的棋類運動。
5. 晚上對孩子不懂的東西進行討論並解決。
6. 每週帶孩子去一次博物館、圖書館、歷史遺跡參觀。

4 尊師重教，求知探索

經典故事

拉比的「財富」

有一艘船在海上航行，船客皆是腰纏萬貫的大富翁，唯獨其中夾雜著一名拉比。

在言談中，富翁們情不自禁地炫耀起自己的巨額財富，互相爭執、不可開交。這時，窮困的拉比說出了自己的高見：「要論財富嗎？還是我最富有，不過現在暫時不向各位展示我的財富。」

好像冥冥之中果眞有上帝的安排一樣，航行途中，一群海盜無情地襲擊了這艘船，富翁們引以自豪的財富被洗劫一空，個個都成了身無分文的窮光蛋。海盜離去之後，這艘船因爲缺乏繼續航行的「給養」，不得不停泊在一個港口。

船上的乘客都下了船，只能依靠自己的能力去謀生。

這位拉比因爲擁有知識而被人們所器重，他被當地的居民請去當了教師。在他們的眼裡，只有高尚而幸運的人才能從事這一職業。

而那些與拉比同行的富翁卻朝不保夕、艱難度日。

後來，富翁們看到拉比受人尊敬的樣子，一個個明白了當初他所說的「財富」。他們感慨地對他說：「還是你說的對，擁有財富的人會一夜之間失去一切，而一個有學問的人會永遠富有。你擁有學問，就等於擁有了一切。」

猶太人用這個故事，留給後人一個經驗——知識奪之不走而能常懷於身、行走各方，教育乃是人類最主要的資產——知識勝過錢財。

❖《塔木德》智語

「知識是最可靠的財富，是唯一可以隨身攜帶、終身享用不盡的資產。」

「即使變賣一切家當，使女兒能嫁給學者也是值得的；爲娶學者的女兒爲妻，縱然付出所有財產，也在所不惜。」

尊師重教的優良傳統

尊師重教的觀念在猶太人的國家——以色列得到了很好的印證。

以色列建國之後，著名的猶太科學家愛因斯坦，由於在科學上的卓越貢獻，得到世界和以色列人民的愛戴。以色列人民向他發出了邀請，請求他來做以色列國家的總統。但是他們的好意被已經決心獻身科學的愛因斯坦拒絕了，愛因斯坦拒絕自己民族的人們賦予他的這個世俗的榮耀。

許多民族的人都覺得不能理解，總統那樣尊貴，科學家怎麼可以享受這樣的待遇呢？但是對於猶太人來說，卻絲毫也不覺得奇怪。在他們的眼中，有知識的人是最聰明的人，他們掌握著宇宙的真理，讓他們來統治國家，一定是這個國家的幸運和人們的幸福。在人類歷史上，這是第一次讓一個科學家來做一個國家的最高元首，可以看出猶太人對知識的熱愛和崇拜，達到了怎樣無以復加的程度。

猶太人就是這樣的民族，尊重知識、追求眞理，也是每一個人一生的需要。知識是最偉大的，在它的面前，世俗的一切統治者都要讓位。

早在上古時代，猶太人就熱衷於教育，並已開始形成自成一體的教育思想，在世界教育史上占有一定的地位；流散時期的猶太人，面對艱難的生存環境，始終把教育視作一種至高無上的神聖事業，十分注重提高自身的文化素養；以色列建國後，極爲響亮地提出了「教育興國」的口號，建立健全了一整套完備而有效的教育體制，使發達的教育事業成爲這個年輕國家創造奇蹟的堅實基礎。正是這種尊師重教的優良傳統，使猶太人成爲世界上公認的文化水準很高的群體，並爲人類的思想、文化寶庫做出了引人注目的貢獻。

教育興國的基本國策

以色列輝煌的經濟奇蹟，深深得益於教育興國的基本國策，因而造就了擁有大量高質量的人才。

猶太民族自古就有的尊師重教的優秀傳統：落難不忘辦學，教師重於父親，學者最受崇敬。這個優秀傳統在建國後得到大力發揚，教育成爲國家最基本的財富和未來發展的支柱，教育是經濟建設的最基本投資。

以色列開國元勳古里安說，猶太歷史的基本內容就一條：質量勝過數量。沒有教育就沒有未來。梅厄總理說，教育投資是卓有遠見的投資。納馮總統說，教育投資就是經濟投資，他退位後甘當教育部長。

以色列歷屆政府都對教育保持著高度投入，多年來一直不低於國民生產總值的8%，這一比例高於多數開發國家。中央政府的預算，僅占教育開支的三分之二，其餘爲地方政府、企業、海外等教育資助，散居在世界各地的猶太人，都捐款資助以色列發展教育。如果讓這些世界各地的猶太人出錢幫以色列買武器打仗，他們可能還有些猶豫，但如果要他們資助以色列發展教育，他們大多樂意慷慨解囊。以色列一百七十萬學生，人均經費四千美元，其教育預算比率和人均教育經費均爲世界之最。

除了依靠發展自己的民族教育，濃厚的學術氛圍也給以色列送來了大量優秀的人才。幾十年來，來到這個國家的移民中，有不少是歐、美、亞地區第一流的科技文化人才。他們的到來，使以色列的科學和教育，從一開始就建立在很高的起點之上。

猶太人幾乎百分之百都受過教育，他們是一支高素質的勞動力大軍。以色列每萬人中的在校大學生人數爲二百八十人，高於大多數歐洲國家。人口中平均擁有的教授和醫生人數，比世界上任何一個國家都多。因爲國內聚集著大批的專家、學者，以致許多人只好到國外去工作。

正是對教育的重視，使以色列在許多方面都位居世界前列，以色列十四歲以上的公民，平均受教育時間達到十一．四年，與美國和英國相當，而法國和匈牙利爲十年，瑞士和日本爲九年；目前，以色列已基本掃除了文盲，婦女識字率爲93.2%。毫無疑問，以色列的歷任總理都受過高等教育，這在其他國家也是極其罕見的。

正是由於有了大批高質量的人才，以色列經濟的發展才有了最堅實的基礎。難怪，以色列人自豪地說：「我國資源缺乏，但我們有的是陽光、沙漠和大腦。」

經典故事

戰火中的「義務教育法」

剛建國時，在隆隆的炮聲中，以色列首任教育部長蓋爾叫來他的唯一部下——秘書艾德勒。

「艾德勒，我們一起來草擬教育法，我們必須強迫三歲到十五歲的孩子們接受免費教育。」

「免費？」艾德勒驚愕不已，要知道，立國之初的以色列尚處在戰火中，戰爭經費都是美國猶太人捐獻的，而當時的教育部的唯一資產就是一架舊打字機。

「是的！免費！」蓋爾堅定地回答，「我們處在敵人的四面包圍之中，我們必須培養高素質的人才，只有這樣才能對付幾十倍於我們的敵人。」

蓋爾還激動地說：「我們要建立一個歷史博物館，讓孩子們從小就知道，三千年前聖殿被羅馬人毀掉的悲劇，讓他們知道，在二戰中猶太人被大肆屠殺的事實，知道那些毒氣室、骷髏、鮮血和希特勒。還要讓他們明白這裡——巴勒斯坦，是全世界唯一我們可以自衛的地方，這塊土地是我們的，我們沒有別的地方可去！」

當第一次中東戰爭剛剛結束，蓋爾和艾德勒已經用那架舊打字機，打出了以色列的「義務教育法」。

第二年，這部法律在以色列議會全票通過。

學習是終生的任務

猶太商人之所以學識淵博，而且追求學識淵博的商人素質，這與他們幾千年輝煌的商業智慧和豐富的商業實踐關係密切，也與他們提倡學習、尊重知識、鼓勵學習精神的民族傳統一脈相承。

猶太人將學習定為終生不懈的任務。

我們知道，一個人的知識越多、懂的越多，就越會發生懷疑，就越覺得自己無知，而懷疑正是學習的鑰匙，能為我們開啓智慧之門。求知的欲望正是我們不懈地學習、探求的動力，而學習讓我們不斷進步。我們的學習絕不是一個接納知識、累積知識的簡單過程，我們不能為了學習而學習，學習讓我們豐富，更讓我們變得靈活、機智、富有遠見。

學習造就我們瞬間決斷的能力，這種能力是長久學習達到融會貫通後才能形成的。這種能力就是知性，它讓我們抓住瞬間的機會，預見未來的趨勢，洞悉細微處的微妙變化，把握宏觀而抽象無形的東西，這就是猶太商人在紛繁宏大、瞬息萬變的世界商海中，自由搏擊、從容自若的根本原因。

猶太商人之所以能夠以超凡的商業智慧，縱橫於世界商業舞台，一個重要的原因，就在於猶太民族渴求知識的良好傳統，使他們具備了卓越超群的文化素養。猶太民族將知識視為他們眞正能自己掌握的財富，他們有著宗教般虔誠的求知精神。這種精神讓猶太民族在各個領域都有非凡的表現，不管是科技界、思想界、文化界、政界還是商界，猶太人均是獨領風騷。

猶太人在經濟運營、商業運作上的非凡成就，是與他們孜孜不倦、不斷探索的求知精神分不開的。

猶太人求知精神的基點，在於他們對知識有著深刻的、也相當實際的認識，知識就是財富，由此便產生了對知識這種財富近似貪婪的欲望。猶太人四處流浪，沒有家園、居無定所，沒有生存和發展的權利保障。他們所到之處，唯一的支撐就是自己頭腦中的知識，靠知識創造財富，從而由財富、金錢來爲自己爭得一條生路、一個生存發展的空間。物質財富隨時都可能被偷走，但知識永遠在身邊，智慧永遠相伴，有智慧、有知識，就不怕沒有財富。這正是猶太人流浪數千年，依然生生不息的原因所在。

在世界任何地方，猶太人憑藉著自己擁有的「可以隨身帶走」的知識，躋身於知識要求高、流動性強的各種行業，特別是金融、商業、教育、科技、律師、娛樂以及傳媒行業。

華爾街的精英中，近一半有猶太血統，律師中，30%是猶太人；科技人員中，一半以上是猶太人，特別是在IT行業，猶太人也非常出色；猶太人執掌著《紐約時報》、《華盛頓時報》、《新聞週刊》、《華爾街日報》，以及美國三大電視網ABC和CBS以及NBC的帥印，時代華納公司、米高梅公司、福克斯公司、派克公司也都是猶太人開拓的。在美國前四百名巨富中，猶太人占了近三成。

這些數字的列舉可能顯得枯燥，但我們不得不感歎猶太民族神秘的知識力量。知識在這個古老民族中，竟然能煥發出如此巨大的力量，是知識拯救且復興了這個古老而年輕的民族。

5 勤奮好學，發掘潛能

經典故事

阿基瓦的驢子

阿基瓦是一個貧苦的牧羊人，直到四十歲才開始學習，但後來成爲猶太歷史上最偉大的學者之一。

阿基瓦在四十歲前從來沒有學習過。在他與富有的目次洋巴撒阿的女兒結婚之後，新婚妻子催促他到耶路撒冷學習《律法書》。

「我都四十歲了，」他對妻子說，「還會有什麼成就？再說，鄰居會嘲笑我的。」

「我來給你看點東西，」妻子說，「請幫我牽一頭驢子來。」

阿基瓦把驢子牽來後，妻子用灰土和草藥敷在驢子的背上，然後用布包起來——驢子看起來非常滑稽。

他們把驢子牽到市場上去。第一天，人們都指著驢子大笑。第二天還是如此。但第三天就沒有人再指著驢子笑了。

「去學習吧，」阿基瓦的妻子說，「今天人們會嘲笑你，明天他們就不會再笑話你了，而後天他們就會說：『他就是那樣。』」

因此，猶太人常把希雷爾說過的一句名言掛在嘴邊：「此時不說，更待何時？」以此激勵自己或別人去學習。

在屋頂聽課的希雷爾

一天早上，在一所古代猶太學校裡，前來上課的同學忽然覺得，教室比平時暗了許多。抬頭一看，才發現天窗被什麼東西給蓋住了，擋住了屋裡的光線。大家上去一看，發現一個人昏睡在上面。經過一段時間的救護，他才慢慢恢復了過來。這個人就是未來家喻戶曉的著名猶太拉比希雷爾。

原來，希雷爾極爲貧窮，每天靠打工爲生，至多只能賺到一個硬幣。他把賺到的錢一半用於糊口，一半用來繳學費。後來，由於找不到任何工作，也就沒有錢可繳學費了，於是，求學心切的希雷爾就爬到學校的屋頂上，把耳朵貼在天窗上聽老師講課。這一次，他聽著聽著就睡著了，這時天又突然下起了雪，雪片落在他身上，積了厚厚的一層。

希雷爾的舉動感動了老師，他被免去了所有學費。

從此以後，在猶太人中間就有了一條不成文的規定：在條件許可的情況下，像希雷爾那樣貧窮而又渴求知識的學生，均可免繳學費，享受免費義務教育。

後來，希雷爾成爲猶太歷史上最著名的三名「拉比」之一。兩千多年來，他的言論一直被人們廣泛引用。有人甚至說，耶穌基督的許多眞知灼見，也出自希雷爾之口。

❖《塔木德》智語

「那些循規蹈矩的人突然放棄學習，去宣揚樹木或休耕的土地有多麼美，實際上放棄了他的生活。這意味著，過分敏感於外部世界會使人陷入歧途。」

勤奮是發揮潛能的最佳方法

《塔木德》告誡人們，學習要持之以恆，不可半途而廢。在建立教育體系的歷史進程中，猶太民族對免費義務教育寄予了高度的重視。從大拉比希雷爾開始，猶太民族便有了免費義務制度。在猶太史上，多次記載著爲窮困孩子免去學費的事情。

猶太民族最看重的，是孜孜不倦的求學精神。

在猶太教中，勤奮是僅次於敬神的一種美德，而且是敬神的一部分，這種宗教虔誠的求知精神，又滲透到商業文化中，發展爲猶太商人的探索求實的商業精神，和銳意進取的創新意識。他們孜孜不倦地暢遊在知識的海洋中，從而累積了豐富的文化知識，對猶太商人所特有的謀略與智慧的形成，產生了重要的作用。

試想，一個目不識丁或一個知識缺乏的人，如何在競爭激烈的商業舞台運籌帷幄、從容應對隨時出現的危機呢？

十二世紀的猶太哲學家，精通醫學、數學的邁蒙尼德，建議把學習規定爲一種義務：「每個以色列人，不管年輕或年邁、強壯或羸弱，都必須鑽研《托拉》，甚至一個靠施捨度日而不得不沿街乞討的乞丐，每一個養家糊口的人，也必須擠出時間鑽研。」

這一原則帶來的唯一結果是，整個以色列民族形成了一種全民學習、全民擁有文化的傳統。儘管並非人人都「鑽研」，但確實人們都把各自程度的「鑽研」視作當然之事。

由於勤奮好學，很多人不但在自己的特長專業獲得了成功，而且在他不熟悉的專業也獲得成功。

愛因斯坦的特長是數學，但「相對論」是物理專業的。類似的還有猶太科學家總統卡齊爾等。

事實上，每個人都有尚未發現的「潛能」，每個人都有特長沒有發揮出來。拿破崙有句名言：「世界上沒有廢物，只是放錯了地方。」發揮自己潛能的最佳方法，就是勤奮學習。

經典故事

「財神爺」葛林斯潘

葛林斯潘是個「一打噴嚏，全球就得下雨」的「財神爺」，在柯林頓時代創造出「零通貨膨脹型」經濟奇蹟。

葛林斯潘於一九二六年出生於曼哈頓的華盛頓海茲區，很小的時候父母就離了婚，他是由愛好音樂的母親撫養成人的。

葛林斯潘喜愛音樂和運動，曾在紐約時報廣場派拉蒙劇院下面的一家夜總會裡演奏薩克斯風。葛林斯潘雖然性情內向靦腆，為人低調，但內心其實雄心勃勃，懷有「寧為雞首，勿為牛後」的想法，覺得自己「在音樂方面沒有好到優秀的程度」，他並不滿足於平平靜靜地、以一個平庸之輩終此一生，他要在自己投入畢生精力的領域內成為執牛耳者，因此他明智地放棄了音樂，雖然並未因此放棄對音樂的愛好。

另一方面，即使是在樂團還沒有解散的時候，葛林斯潘一邊參加音樂演出，一邊也透過孜孜不倦的閱讀，試圖尋找自己真正擅長的領域。那時的舞會，每跳二十分鐘的舞就會休息二十分鐘，樂手們也在這時歇上一會兒。葛林斯潘就利用這二十分鐘的間隔，坐在角落裡的桌子旁，入迷地讀書，即使是舞廳內如此喧嘩吵鬧的環境，也沒有妨礙他在書海中的暢遊。

當時，葛林斯潘隨著樂團到美國各地演出，每到一處，他所要做的第一件事，就是找到那裡的公共圖書館，免費借閱館中藏書。有了公共圖書館這樣優厚完善的文化設施提供精神食糧，任何一個有志於成才的青年人，都能利用這些便利，實現自己的夢想，葛林斯潘正是這樣一個典型的事例。在閱讀之中，葛林斯潘的關注漸漸越來越多地轉向金融和股票市場方面的書籍。葛林斯潘的父親雖然是一個股票經紀人，但在他四歲時已經離去，對他在這方面的成長，幾乎沒有任何影響可言。他後來獲得的對這一領域的認識，最早主要是來自於書本，來自於他的刻苦學習。

當時在他身邊最需要用到數字方面的能力的東西，就是填寫報稅單。由於美國稅制極其複雜，一般人對於報稅單上那密密麻麻的表格欄目，一看見就頭昏腦脹、頭痛不已。然而對於葛林斯潘來說，這正是他小試牛刀之機會，他主動提出幫助樂隊的同事填寫報稅單。此外，他還是個出色的記帳員，並妥善管理著自己的帳本。不過，當時有誰能想到，這個未滿二十歲的小伙子，在將來竟會管理起他們整個國家的「帳本」來呢？

音樂夢「破滅」轉行經濟學的葛林斯潘，一九八七年八月開始擔任美聯儲主席，歷經四位總統，迄今已經四次擔任此職。他導引下的美國經濟，經歷過兩次衰退、一次股市泡沫和一次歷史上最長的增長期。

用潛意識教孩子獲得智慧

凡是廣告業者，都知道創意的製造是如何之難。一名廣告公司的首腦，往往會將自己關在房間內，不接聽任何電話，也不容許別人打攪，一個人在房間裡苦思作戰計畫，然後在二、三個小時後，帶著新的計畫書微笑走出房間。這種現象，美國廣告界人士謂之「陣痛」。

事實上，傑出的創意並非皆在陣痛期間想出，但只要支持一、兩天，它一定能從腦海中顯現出來。比如，寫稿的人在第二天早上刮鬍子時，突然找到靈感，推銷員在深夜夢醒時，突然悟出如何應付難纏客戶的方法，藝術指導前往辦公室的公車上，突然想出全新的點子，等等。

這類突如其來的靈感，到底是從哪裡來的呢?答案是「潛意識」。在單位的「集思廣益」會議後二、三天，那些因爲沒有靈感而傷腦筋的人，便會將這項工作交給潛意識負責。過了一段時間，我們的好朋友—潛意識—會自動將點子呈上會議桌，使某些記者、作家、推銷員、藝術指導獲得了他們的靈感。至於靈感獲得的時間長短是因人而異。

查理斯．金保博士在三十五、六歲時，便已當上營業額高達數千萬美金的美國中西部研究學院院長。他便是利用潛意識去解決調查各方面的「疑難雜症」。

金保博士透露他利用潛意識的方法是：首先，竭盡所能搜集一切與問題有關的資料，然後從各種角度加以研究。在內心反覆默讀，並且大聲地念出聲來。念出來之後，便暫時離開去處理其他的問題。這種作法很像是利用潛意識玩拼圖遊戲，等到數天之後，又回到原來的問題上時，潛意識已經幫你把零散的碎片拼成一張完整的圖了。

這種方法沒有訣竅。在工業研究方面享有盛名的金保博士，並非是以魔法取代科學的人，他只是一名能瞭解潛意識爲有效又可靠的精神工具的人而已，而潛意識也從未將他引導向錯誤的方向。希望你也能像金保博士一樣，多加利用潛意識作爲解決事情的精神工具。

善用潛意識的方法

某大型造紙工廠負責經銷的高級主管托尼，對其手下員工的姓名、長相、特性及公司內部的任何狀況，皆瞭若指掌，因爲他有超人的記憶力。這種能力對他的工作、交際乃至於其他方面，都很有幫助。事實上，這並非是他與生俱來的天賦，而是他後天努力的結果。

托尼訓練記憶力的方法很簡單，即每晚臨睡前，將當天遇到過的每一個人的姓名和長相恢復在腦中，然後再把名字和事件與本人相連，全部都記清楚之後，才矇矓睡去。用這種方法記憶事情，定可使資料留在腦中的印象難以磨滅。記憶事項時，不可漫無目的地什麼都記，應下決心只記重點，並且最重要的，就是必須利用潛意識為精神工具。

這就是一名大公司高級主管的記憶方法，假若有需要記憶的事項時，建議你不妨也使用這種方法，養成睡前躺在床上反覆思考當天所做每件事的習慣。如此，事情便會常常印在你腦海中，使你何時需要何時都能毫無困難地想起來。以下提供幾個如何善加利用潛意識的方法。

1.在每天生活中，不斷吸收新知識。這個方法適用於學校生活、工作、閒暇等生活上任何方面。如果你感覺以你目前的工作無法再學到什麼東西，就應該從其他方面補充。比如：每天至少閱讀三十分鐘與工作有關的書籍，利用晚間閒暇時，去聽職業講座或上夜校。如此，你「心的圖書館」才得以充實。

2.多利用潛意識解決問題。針對某個問題，集中「火力」專攻約兩個小時的時間，然後停下來休息或做別的事，一方面鬆弛神經，一方面讓潛意識有充分作用的時間。過一陣子再面對時，你會發覺問題變得簡單多了。

3.鍛鍊潛意識的創造力。爲了解決問題，你應該訓練自己培養有建設性的思考習慣，最好的方法就是把潛意識沉浸在富於創造性的行動中，給它們製造創造力的環境，很快地，你就可以獲得自我提升。

4.抓住潛意識所產生的觀念。無論何時，當你心中產生某種觀念，都應立刻寫在紙上，將之歸檔。然後，每個月查看一次檔案，將自己認爲對工作有益的觀念抽出。檢討得失後，很快付諸實行，落到實處。

5.以積極的觀念充實潛意識。排除會導致失敗的消極觀念及怨恨、嫉妒等不好的感情。這些感情皆會將你導向錯誤的方向，全部加以排除後，再輸入正確有益的積極觀念，你便可獲得成功所需的積極人生態度。

6 鼓勵懷疑，培養創造性才能

經典故事

對上帝的質疑

《聖經》上記載了在猶太歷史上，亞伯拉罕對上帝進行過的一次懷疑。

上帝曾經懷疑，有兩個城鎮的人民違反了他的諭旨，便準備毀滅這兩個城鎮的人，作爲對他們的懲罰。

亞伯拉罕聽到這個消息，開始懷疑這位萬能而神聖的上帝，於是便自告奮勇代表人民和上帝談判。

他質問上帝說：「如果城裡有五十名正直之人，難道他們也得跟隨惡人一起遭受毀滅嗎？」上帝沒有回答，亞伯拉罕進一步問：「難道上帝不願看在正直之人的份上，寬恕其他人嗎？」

上帝理屈了，只好說：「如果這個城裡有五十名正直的人，那麼就看在他們的份上，饒恕這個城鎮。」

亞伯拉罕更懷疑了，難道要有五十個人才可以原諒該城的人嗎？於是他接著問：「如果僅僅缺少五個人便湊足五十人，是不是還得毀滅這個城鎮呢？」

上帝又做出讓步，他應允如果有四十五個正直人，也就饒恕這個城鎮。

亞伯拉罕更加懷疑這位仁慈寬容的上帝了，於是他步步緊逼，說：「如果是四十名正直人呢？」

上帝在亞伯拉罕不斷的質疑下，真的是理屈詞窮了。但是他作為神聖不可侵犯的萬物的主宰，不能說出去的話不算數。於是他還是為自己的行為辯解。

亞伯拉罕義正辭嚴地問上帝：「把擁有正直的人的城鎮全部毀滅，合乎正義嗎？」

上帝終於感覺理虧，最後他答應：「如果有十位正直的人，就不毀滅這個城鎮。」

❖《塔木德》智語

「好的問題，常會引出好的答案。」

「假如所有人都向同一個方向行走，這個世界必將傾覆。」

「自己不去思考和判斷，就是把自己的腦袋交給別人，讓別人幫你看管。」

懷疑一切的猶太人

猶太人是一個善於學習的民族，也是一個善於思考的民族，他們以一種冷峻的眼光，看待這個社會和這個紛繁的世界，他們拒絕崇拜任何偶像，從不盲從大眾的潮流，他們是用一種懷疑的眼光看待這個世界的。

猶太人喜歡提問，因爲在他們看來，思考是求得智慧的開始。不會思考的人，也不會學習。思考讓人明白爲什麼要去做一件事情，做這件事情有什麼好處，他們所探求的是一件事情根本的原因，而不是那些浮在表面的東西。你如果抓住了這些最爲根本的東西，就如同抓住了深水中的魚；抓住表面的東西，你抓住的不過是魚吐出的水泡。

由於輕信和盲從，人們總是習慣於崇拜權威，相信他們的意見總是對的，用既成的眼光看待問題，追求大眾的判斷，這樣就很難在自己的事業上有所突破，因而要有所成就也就很困難。

猶太人並不喜歡、也不願意把他們的領袖視爲偶像，連猶太人最偉大的領導者摩西也不例外。

摩西帶領猶太人逃離了埃及，擺脫了埃及的殘酷統治，是猶太人歷史上一位偉大的領導者。在猶太人心中，摩西有崇高的地位，但是也不把他視作偶像，也不視作絕對權威。他們不要偶像去安排自己的命運，他們崇尚的是一種獨立的思考判斷。

猶太人就是這樣，他們懷疑一切東西，即使那些看起來十分神聖的東西，他們也絕不會不問是非就相信他們，他們不相信任何貌似強大的東西，不會被他們所嚇倒。在他們的眼裡，任何偶像和崇拜都是錯誤的，那些偶像不過是一些嚇唬人的東西，是不爲他們所看重的。他們看中的是他們自己腦子裡想的東西、自己認爲正確的東西，而不是讓那些奇怪的東西影響自己的判斷。

對於猶太人的這種不跟從大眾的潮流、懷疑一切的態度，心理學大師佛洛依德是這樣解釋的：「因爲我擁有猶太人的兩個天性——懷疑和思考，所以我發現自己沒有受到偏見的影響，而其他的人在運用他們的智力的時候，卻受到了限制。作爲一個猶太人，我隨時都準備反對和拒絕附和『大多數的人』的意見。」

他的這些話，深刻地解釋了爲什麼猶太人在許多領域，都可以獲得非同尋常的成就，他們總是以一種懷疑的眼光看待一切事情，因而他們從來不受社會的既定成見的影響，自由地發揮他們的才能和想像力。即使他們處於少數派的地步，也不願意放棄自己的獨立思考，因爲對於成功而言，成功總是屬於那些獨立思考的少數人。

善於懷疑而免受欺騙

在猶太人中有一定信譽的日本人藤田，曾經講過這樣一段經歷。

有一天，藤田正在辦公室忙著處理業務，突然有一位律師打電話給他：「藤田先生，我有事向您請教，不知您現在是否有時間？」當時藤田正忙得不可開交，所以便一口回絕了。

可是那位律師又請求說：「無論如何，請您擠出一點時間見我！」

「對不起，我實在沒有時間！」

「那這樣好不好，每談一小時，我們奉上二百美元酬勞，當然我們是有重要的事情。」藤田便不再拒絕而前去面談。

那位律師是一家美國大公司的法律顧問，他的老闆是美籍猶太人。這位老闆準備與一家日本公司做一筆很大的生意，但他怕對方不可靠，於是想聘請一位日本人監督這家日本公司，月薪爲一千美元，這個待遇在當時是非常優厚的。

律師說明來意，便把日本公司的合約草稿拿給藤田看。藤田看完後，發現那份用日文撰寫的合約存在很多問題，但對不懂日本法律的外國人來說，卻不容易看出來。

如果那位猶太人當時沒有聘請日本人檢查那份合約，他就不會知道合約有漏洞；而有了熟悉本國文化的日本人做監督，日本人再想欺騙他就不可能了。

猶太人由於「善於」懷疑而免受他人欺騙。

懷疑和提問是培養孩子創造性的最好方法

孩子的創造性就像種子一樣，它需要一定的環境：包括土壤、氣候、灌溉、施肥培養，才能發芽、生根、開花、結果。父母也要爲培養孩子的創造性提供良好環境。

猶太拉赫塞拉比說，要培養孩子的創造性，父母就要幫助孩子擺脫那些陳規陋習的束縛，培養孩子的獨立思考能力，讓孩子在此基礎上自由發展。

提問和懷疑就是培養孩子獨立思考能力的最好方法。

提問和好的答案同樣重要。問題提得出人意料，答案也常常是深刻的。

懷疑是學習的鑰匙，它可以打開知識的大門。知道得越多，就越發生懷疑。於是，發問可以使人進步。

沒有好奇心的人，就不會發生懷疑，沒有懷疑就沒有思考，沒有思考就沒有答案。所以，有領導才能的人，其實就是知道如何懷疑的人。

人沒有理由對什麼事都確信無疑。懷疑一旦開始，疑點便越來越多，循著懷疑的線索去追尋答案，答案通常比較容易尋求。

所有的疑惑和懷疑，都可透過行動予以中止；所以，無論多大的迷惑和懷疑，最後都要尋求答案予以解答。

古代拉比認爲，培養孩子的懷疑一切的習慣，就是順應孩子對世界事物的好奇心，好奇心是孩子探究世界上求知事物的心理動因，滿足了孩子的好奇心，有助於對孩子想像力的培養。好奇心是創新的泉源，是孩子想像力的動力。

偉大的科學家愛因斯坦說：「想像力比知識更重要，因爲知識是有限的，而想像力包括世界的一切，是無限的，想像力是科學研究中的最重要因素。」

諾貝爾獎獲得者、美籍猶太人赫伯特·布朗說：「我的祖父常常問我，爲什麼今天與其他日子不同呢？他總是讓我自己提出問題、自己找出理由，然後讓我自己知道爲什麼。我的整個童年時代，父母都鼓勵我提出疑問，從不教育我依靠信仰去接受一件事物，而是一切都求之於理。我以爲，這一點是猶太人的教育比其他人略勝一籌的地方。」

經典故事

在提問中長大的猶太孩子

這是一位中國學生在美國的一段經歷，它深刻說明猶太人的創造性的來源：

寒假時，我到美國看望表姐一家，結識了他們的鄰居利婭。利婭是以色列人，爲人開朗大方，臉上總是帶著微笑；利婭的丈夫是美國一家公司駐以色列的代表，經常在以色列與美國之間往來；利婭自己帶著兒子拉米爾在美國生活，獨立承擔了撫育孩子的重任。

人們都說猶太人非常有智慧，做生意很成功，不知道教育孩子會不會也有一套？我開始不知不覺地觀察利婭和拉米爾，希望能夠發現猶太人精明的頭腦，在幼兒時期家庭教育的秘密。

沒多久，我終於發現了這個秘密。

那天，拉米爾下了幼稚園的接送車回到家，正和我聊天的利婭馬上迎了出去，陪著他一起走進了房間。進門之後，利婭問拉米爾：「今天你提問了嗎？」拉米爾連連點頭。

「那麼，你都問了些什麼呢？」利婭繼續問他。

拉米爾開始複述他今天一天中所提的問題，有的是問幼稚園老師的，有的是問同班小朋友的……，問題千奇百怪：爲什麼樹葉有紅的也有綠的？爲什麼有的螞蟻會有翅膀？爲什麼牛奶不能換你的餅乾？……我粗略數了數，這小傢伙一天問了二、三十個問題。

利婭滿意地點了點頭。

「這是怎麼回事？」我好奇地問利婭。

「提問啊，」利婭笑瞇瞇地說，「拉米爾就是個問題簍子，總是問個不停。」

隨著利婭的講述，我漸漸明白了。原來，每個猶太人在很小的時候，幾乎都會被長輩提問。利婭小時候，她爸爸就常問她，爲什麼今天與其他日子不同？剛開始時，她認爲今天和昨天、明天並沒有什麼不同。爸爸沒有責備她，而是讓她每天都問別人十個她不懂的問題；如果沒有人回答她，就自己去找出答案。從那以後，利婭覺得日子的確不一樣了，因爲每天都是那樣新鮮……

「這沒什麼，」利婭說，「幾乎每個猶太家庭的孩子，都是在提問中長大的。」

提問！

我忽然發現了我一直在探尋的秘密所在：永遠的探求心境！

猶太人崇尚創新，認爲學習應該以思考爲基礎，要敢於懷疑，並不恥發問，自己所累積的知識自然就越來越多。

我不由得想到一則流傳甚廣的故事。

這個故事說的是，幾乎每個猶太人家長都會問孩子一個問題：「如果現在房子失火，你會帶什麼跑出去？」如果孩子回答的是金錢或貴重物品，母親就會再問他一句：「有一種無形、無色、無味的寶貝，你知道是什麼嗎？」孩子答不出來，母親就會告訴他：「孩子，你要帶走的不是錢，也不是鑽石，而是智慧。因爲智慧是任何人都搶不走的，只要你活著，智慧就永遠跟著你。」

智慧，恰恰就來自於提問！

我笑了。利婭讓我得到了我想要得到的答案。我們後來成了朋友，直到我回國之後，還不斷地接到她的來信。

我感到非常滿足，因爲我有著利婭這樣的猶太朋友。也因爲我明曉了猶太人教育孩子的最重要的方法，這種方法很簡單，那就是——讓孩子提問。

7 教孩子做「語言大師」

經典故事

佛洛依德的「家庭會議」

佛洛依德的家庭，經常召開「家庭會議」。依據猶太教的規定，父親是當然的「會議主席」。這些家庭會議要討論家中遇到的一切難題和重要事務。家中的每一個成員，包括年幼的、未成年的孩子都要參加，並可以發表意見或舉手表決。在這些會上，佛洛依德往往發表令人信服的意見，以致連他的父母也不得不放棄自己的原來意見，採納佛洛依德的意見。

有一次，家庭會議研究給佛洛依德的小弟弟取什麼名字的問題。佛洛依德主張給這位比他小十歲的弟弟取名亞歷山大。他解釋說，亞歷山大大帝是一位見義勇爲的英雄。他還向大家滔滔不絕地引述了與此有關的一大段關於馬其頓凱旋進軍的故事。最後，全家人都接受了他的意見，給小弟弟取名爲亞歷山大。

誦讀經文鍛鍊語言能力

一天早上，在猶太教會堂晨禱儀式上，一位德高望重的拉比，正在為一名十三歲的男孩進行一次特別的佈道，那個男孩就站在他身後稍遠的地方，著重闡明他今後應該承擔的責任，尤其是對其家庭和猶太人社會的責任。同時還要求他遵守《聖經》中的戒律，將宗教和律法知識向子孫傳授。

這是一個典型的猶太人成年禮的儀式。

佈道完畢後，這個男孩被召喚到前面，登上誦經壇，第一次用希伯來語，向公眾背誦《聖經》中的有關章節（此前孩子需要上幾年的宗教課和希伯來語課，並花很長時間研讀《聖經》準備演講，這是對孩子幾年來努力學習的「檢閱」），然後發表自己的成年禮演講，發誓自己將終身遵守猶太教教義，獻身於《聖經》，並對父母的養育之恩表示特別感謝。

孩子誦讀完畢後，讀第二次祝福詞後，孩子的父親走上誦經壇，大聲對公眾說：「感謝上帝！如今我得以解除對孩子的責任。」

孩子的「成年禮」需要他們花費很長時間做準備，在一次次的閱讀、背誦甚至是「模擬演講」過程中，孩子的語言能力就能獲得很大的提高。

每週的第七天是猶太人的安息日，安息日的重點，是在清晨時至猶太教會堂，朗誦摩西五經中的經文。

猶太人在長期的誦讀經文過程中，也鍛鍊了自己的語言能力。

讓年輕人先發言

在古代的猶太社區裡，時常會有很多人聚集在一起，這是社區裡有事情商量，他們要對有關重大問題進行討論。

在討論的時候，主持會議的老年拉比總是讓一些年輕人先發言，然後再讓那些有點資歷和經驗的人發言，然後大家自由地討論和辯論，最後是年老的、富有權威的拉比根據大家的意見，進行公正地評價和總結，最後，他才做出決定。

在《塔木德》裡也有這樣的規定，在猶太法庭上，首先由年輕的法官發言，然後大家再依次發言。這樣在猶太人的內部就形成了讓年輕人首先發言的體制，這個體制或慣例，讓猶太人一直保持了新鮮的氛圍。

對於爲什麼讓年輕人首先講話，《塔木德》有這樣的討論：

一個人對另一個人說：「師從年輕人，猶如什麼呢？如同吃不成熟的葡萄，從酒甕裡喝酒；師從長者，猶如什麼呢？猶如吃成熟的葡萄，喝陳年的老酒。」他的另一位同事則反駁說：「不要看瓶子如何，要看裡面裝的什麼，新瓶可能裝著陳酒，舊瓶也許連新酒也沒有裝。」

年輕人因爲沒有經過太多的世事，缺乏經驗，因而顯得幼稚，但他們絕少保守，相反地，卻富有對世界的美好憧憬和嚮往，儘管這些還顯得過於浪漫和不現實。老年人經歷過了世事的一切，已經變得十分現實，不會追求那些他們覺得不現實的事情。他們沒有了激情，沒有了奇特的想法，他們完全是靠自己的經驗來判斷。

如果年輕人在眾多的上了年紀、頗有資歷，甚至是經驗豐富的人面前發言，感覺拘謹而羞澀的時候，他們的拉比就會熱心地鼓勵他們：「眞理面前是沒有老少的，你和我都要聽從眞理的召喚。你們最有熱情和想像，試試你們的能力吧。我們相信所有人的發言都是有用處的，你們的發言也是一樣的。」結果，有不少年輕人的發言，總是讓大家感覺到新奇，他們朝氣蓬勃的精神，總是讓在場的人感覺到火一般的熱情。

這種做法也要求年輕人具備良好的語言能力，客觀上要求他們在平時鍛鍊自己的語言能力。

❖《塔木德》智語

「成功沒有捷徑可走，但是卻可以有多條路徑供你選擇。」

「精通外語是經商的利器。」

語言是最有利的工具

要在現代社會上生存，你一定要口齒伶俐，猶太人就是這樣。美國猶太教士戴魯希金寫道：「言詞咄咄逼人、步步緊逼，是大家熟知的猶太人性格。」

在十九世紀的東歐，有一句諺語說：「保佑我，不再受基督徒的手和猶太人的舌頭傷害。」

可見，猶太人的「口」多麼厲害。

只要看看電視轉播的以色列國會辯論，你很快就可以理解，猶太人辯論重大問題時是多麼激烈。在企業界、法庭上和藝術領域裡發展時，表達自己意志或意思的能力，經常是成功的一種利器。

猶太人在家庭教育中，尤其重視語言教育。可以說，良好的語言能力是猶太人生存的基本要求，所以，猶太人家庭從孩子幼年開始，就注重孩子語言能力的培養，他們認爲，語言乃是一切學習的基礎和最有利的工具，語言能力的高低與智力測驗的成績，關係極爲密切，語言能力愈高，將來大都能夠學得更多、更快，而且不管做什麼事，都比較容易成功。

從電視採訪中，大家可以看到西方人說話都是非常流暢的、不間斷，這種能力普遍是從小的時候培養起來的。

心理學認爲，人的語言潛能發展的關鍵期就是幼兒期。不給孩子說話的機會和流暢表達語言的機會，對他一生的發展都沒有好處。所以家長們要重視孩子語言的發展。而語言能力是從幼兒開始培養的。多讓孩子說話，多聽孩子說話，多跟孩子說話，多給孩子提供表達自己的機會，讓他大膽地表達自己。

重視外語學習

猶太父母在教育孩子學習語言時，先從自己母語開始紮根，然後鼓勵孩子學習多國語言。猶太人認爲，多懂一種語言的價值，使看問題的角度和解決問題的能力更立體化、更多元化。

「精通外語是經商的利器」，猶太人很早就領悟、發現和重視這一秘訣了。猶太人在世界上舉足輕重的地位，也是猶太人重視外語的結果。如果和猶太商人打交道，你便會驚詫於他們的外語水準，其流利的口頭表達能力、快速的理解力，正是貿易談判中不可缺少的能力。

猶太人的外語都比較好，他們幾乎都能熟練地掌握一種或一種以上的外語，甚至可以自如地與外商接觸而不要翻譯，這成爲猶太人經商成功的重要一招。

著名的猶太裔科學家愛因斯坦生於德國，他除了精通猶太民族的希伯來語外，還精通英語、德語。精湛的外語使愛因斯坦能博採眾長，成爲二十世紀最傑出的科學家之一。

這個時代，是一個世界範圍內知識、資源互相交流的年代，不能熟練地掌握外語，就意味著你被排除在世界文化和經濟交流的大門之外。

對於現代社會來說，文化和科技的發展，早已衝破國界、跨越國家、跨越民族而相互溝通和交往。這讓精通外語的猶太人如魚得水，在世界各地自由地來往，其原因就是他們普遍懂得兩門以上的外語。他們與外國人交往時，可以用對方國家文化語言的思維來思考問題，他們對外國知識和文化的理解，往往讓那些國家的人都感到吃驚，他們經常奇怪，爲什麼猶太人對他們國家的思維那麼熟悉，對他們國家的許多問題認識得那麼深刻。猶太人則是利用這獨特的優勢，迅速地掌握該國的各種情報和資訊，以便很快地做出決策。

猶太人愛說英語中的「**nibbler**」這個字，它是由「**nibble**」延伸而來，變成了一個名詞。**nibble** 是指釣魚時，魚兒咬吃鉤上餌料的動作。聰明的魚會把鉤上的餌吃光卻不被釣著，笨魚則會被釣起來。猶太商人將奪得魚餌逃走的魚叫做「**nibbler**」，即做商人要做聰明的魚。學會了外語，自己的經營就會賺錢，如果不會外語，對該國的情況和處事風格不熟悉，就很容易在貿易中被「釣」起來。

教會孩子談話

教孩子談話的最好方法是與家人對話。你越是能與孩子講話，孩子就越有可能模仿。

有的猶太父母定期在睡覺之前與孩子交談，有的每週固定在飯桌上與孩子進行隨意談話，還有的利用長時間散步或開車出行時，充分利用一對一的對話機會。這些談話是「隨意」的，但實際上是有意識的，是雙方思想的實事求是的自然表露，分享對方的思想、情感優點、問題、解決方法、目標和理想等。

談話內容包括：介紹自己的情況，詢問他人的情況，表達對他人的感情，敘述自己的興趣，接受對方，提出邀請等。

經典故事

以色列外交之父

阿巴．拉賓在以色列可是一個響噹噹的人物。正是他那雄辯的口才、過人的智能，為以色列在獨立後最艱難的三十年裡，贏得了不少同情與尊重。至今他那得理不饒人的「鐵嘴」、淵博的知識、不知疲倦的熱情，仍為他的朋友、甚至他的敵人所津津樂道。以色列的開國總理本．古里安稱他是「希伯來國家的聲音」，後來的總理內塔尼亞胡則尊稱他為「以色列外交之父」。

拉賓，一九一五年二月二日出生於南非的開普敦，父親是從立陶宛移民過來的商人。由於外祖父家特別重視語言的傳統，所以後來拉賓的媽媽愛琳達擔任了猶太復國主義組織倫敦辦事處的秘書兼翻譯。一九一七年的一個晚上，上司給了她一個任務，讓她把《貝爾福宣言》翻譯成法文、俄文。《貝爾福宣言》對猶太復國主義組織來說可是個不小的勝利，英國在宣言中承諾支持在巴勒斯坦建一個猶太人的家園。拉賓對這段故事一直記憶猶新，「翻譯一個文件不是一件了不起的事，」拉賓在一九九二年出版的回憶錄中寫道，「但它卻把我們家與偉大的事業聯繫在了一起，猶太復國主義征服了我的內心世界。」於是，幼年他就接受了猶太復國主義的思想，而且從小知道了語言的重要性。

每個週末，外祖父都來教拉賓希伯來語、猶太經典。在經歷了正統的英國教育後，拉賓進入了劍橋大學的女王學院，主修中東語言與文學。在大學裡，拉賓表現出了過人的聰明與出色的組織才能，他講一口流利的阿拉伯語，領導著猶太復國主義組織青年運動，接受了社會主義者的政治觀點。同樣是在這個時期，拉賓累積了淵博的知識、鍛造了自己的演講風格，「每次他張開嘴，就能聽到他在引經據典」。

作爲以色列駐聯合國大使，同時兼任駐美國大使（這在外交史上也是破天荒的），拉賓以精彩演講幫助以色列立國，在兩次中東戰爭中立了大功。一次又一次，每當以色列面臨著生存問題的時候，聯合國就會吸引全世界的目光。在這裡，拉賓充分施展了自己的才能。會下，他流利地運用六、七種語言，與各國外交官「套交情」，向他們解釋以色列的政策；會上，他總是高傲地用純正的英國貴族式英語舌戰群雄，動不動引用歷史上的典故，巧妙地維護自己國家的利益、抨擊以色列的敵人。當然，戰鬥之外，他也不忘用豐富的想像力，爲中東和平勾勒一個美好的前景，以免國際社會喪失對中東問題的信心。

8 讓孩子成爲「雜學博士」

經典故事

博學的「鑽石大王」

有個西班牙商人，他對猶太商人的經商原則很欣賞，盡力學習，取得了不小成功——他的女式手提包的生意十分興旺，在服飾品貿易的經營中也站穩了腳跟。但是看到了猶太人經營鑽石更爲賺錢，於是他也想去經營鑽石。

他看到身邊不少西班牙人經營的鑽石生意很不景氣，爲了避免遭受同樣的命運，他就找到世界著名的「鑽石大王」瑪索巴士求教。毫無疑問，這位「鑽石大王」是位博學的猶太商人。

「鑽石大王」聽完他的來意，冷不防地問了他一句：「你知道澳大利亞海域有什麼熱帶魚嗎？」

西班牙商人簡直是丈二和尚摸不著頭腦，「鑽石大王」問這個幹嘛？這和鑽石生意有關嗎？

看到西班牙商人啞口無言的樣子，「鑽石大王」語重心長地說：「鑽石生意是需要豐富知識才可以做的，你對鑽石的來源、歷史、種類和品質都不知道，就無法知道它的確切價值。要累積這些判斷鑽石價值的基本經驗和知識，就要不斷地學習和累積，至少需要二十年，所有相關的知識你都要瞭解，才可以眞正培養出市場的眼光。」

西班牙商人聽了，不禁爲自己所知道的知識太少而羞愧不已。他早就知道，猶太人是繼承了祖先幾千年傳給他們的經驗，加上最新的知識，才擁有了這樣豐富的學識，他們可以贏得顧客的尊敬和信任，沒有一、二十年的學識和良好信譽，根本是不可能的。

他自知沒有這麼浩瀚廣博的知識，自覺地退出了鑽石行業。

❖《塔木德》智語

「與一切知識交朋友，也可以從朋友那裡學習知識。」

「深井中的水是抽不完的，淺井卻一抽見底。」

「雜學博士」猶太人

猶太人有「雜學博士」之稱，你和他在談判的時候，他講得頭頭是道、條理清晰，內容豐富精彩，左右逢源，似乎世界上沒有他不知道的事情。

有個日本人和猶太人談判之後，猶太人給他留下了終身難以忘記的印象：「那個猶太人太厲害了，那天我們談判了兩個多小時，一直是他在不停地說。他給我的印象好極了，他穿著很整潔，講話極有道理，條理極爲清晰，態度又極爲謙和，他的談話讓我那樣神往，我簡直不想說任何話，只是願意聽他來講。老實說，我不是在和他談判，而是他在給我上課。」

在這樣博學的對手面前，你會不會覺得發怵呢？

和猶太人待在一塊，你很快就會發現，猶太民族是知識豐富的民族。猶太人很健談、話題很多，而且涉及各個方面，大到世界政治、人類生存，小到節假日消遣；遠到世界歷史、民族歷史，近到體育新聞。不管是經濟、政治、法律、歷史還是生活小細節，他們都能滔滔不絕，談得頭頭是道。猶太人有如此豐富的知識，實在是令人大爲稱奇。

如果你有幸成爲猶太人的朋友，你和他交談越多，你就越會佩服他的學識淵博了，他談政治、論經濟、說軍事、講歷史，還滔滔不絕地聊體育、娛樂、時事，眞是天文地理，無所不通，似乎天下沒有他們不通曉的道理。尤其是吃飯時，他們的話更是滔滔不絕，讓你大開眼界。

淵博知識成就「世界第一商人」

正因爲用這麼豐富的知識，武裝了經商的頭腦，猶太人的經商才總是處於不敗之地。在他們的眼裡，知識和金錢是成正比的。只有掌握了知識，特別是掌握了大量的業務知識，在經商中才不會走彎路，才會先於別人到達目的地，也才能更快地賺更多的錢。他們給你講大西洋海域特有的魚群的名字，汽車的各個零件構造和工作原理，植物的分類和品種……，你簡直在懷疑，他們是不是這方面的專家。

最重要的是，學識廣博的人可以放眼世界，他們站在經營大師們的肩膀上，俯瞰腳下的財富，知識豐富的人，就可以從世界巨富們那裡學習到賺錢精髓。學識淺薄的人，無論是自己的見識還是處理問題的能力，都低於學識淵博的人，他們在商業活動中，很難長久地站穩腳跟。擁有淵博知識，他們才具有高智商的頭腦，從而才在生意中永遠立於不敗之地，成爲公認的「世界第一商人」。

在猶太人眼裡，知識和金錢是成正比的；只有豐富的閱歷和廣博的業務知識，才能在生意場上少走彎路、少犯錯誤，這是賺錢的根本保證，也是商人的基本素質。在猶太人看來，一個僅能從一個角度觀察事物的人，不但不配作商人，也不能算一個完整的人。

學識淵博是猶太人對商人的要求，他們不但要求自己要不斷地學習、學習、再學習，而且也要求別人要多學習。他們絕不和那些見聞狹隘、學識淺陋、品行粗俗的人來往。與這些人來往，可能會給自己帶來一些眼前的利益，但將使自己在猶太商人群體中的信譽大受影響，所謂「物以類聚，人以群分」，這樣會有損別人對自己的評價。相反地，多結交學識淵博的朋友，不但可以相互得益，而且可以提高自己的信譽，有利於自己事業的發展。他們說：「在玫瑰花叢的人，身上充滿馨香。」

培養孩子博學的技巧，是讓孩子養成閱讀習慣

只有當孩子喜歡閱讀時，把閱讀培養成孩子的最大樂趣，才能使孩子養成閱讀的好習慣。

父母首先要做的是，盡可能早地發現孩子「愛好」的書。這需要長時間的觀察

才能做到，一個人幼年的喜好，有可能影響他的一生。

因此，父母應該爲自己的孩子提供那些他喜歡的、高趣味性的閱讀材料，應該放寬孩子的閱讀範圍，讓孩子讀自己喜歡的東西，自由發揮他的閱讀天性，這樣他就會愛上閱讀。大多父母認爲，只有那些經典的「老掉牙」的書，才是孩子應該閱讀的，這顯然是不正確的。

我們知道，好習慣的養成越早越好，因此父母應該儘早培養孩子的閱讀習慣。父母最好在孩子能夠閱讀之前，就讓孩子坐在自己身上或身邊，和孩子「共同」閱讀，最初可以讓孩子聽自己讀故事，順便讓他看圖畫。過不了多久，孩子就會對閱讀感興趣了，即使父母沒有與他一起閱讀，他也會自己閱讀，在不知不覺中，父母就會發現，自己的孩子開始主動閱讀了。

作爲父母，一定不要打擊孩子的閱讀積極性，即使他閱讀的是一種不適當的東西，家長也不要粗暴對待，防止孩子產生逆反心理，從而影響閱讀習慣形成的連續性。

9 性格培養從自信開始

經典故事

兩個猶太青年

有兩個猶太人，一個是家世顯赫的青年，另一個則是一貧如洗的牧羊人。

有一天，他們相遇了，家庭富有的青年以充滿得意的神情，把自己的祖先和錢財大大地向牧羊人吹噓了一通，他非常自豪，說話的口氣非常大。

牧羊人聽他說完後，毫無自卑地、淡淡地說：「原來你就是那位偉大祖先的後代啊！不過，你要知道，如果你是你們家庭中的最後一個人，那我就是我們家族的偉大祖先。」

猶太人只看重個人的成績，對顯赫的家庭出身漠然無視，自信是他們的最基本素質。

❖《塔木德》智語

「最值得依賴的朋友在鏡子裡，那就是你自己。」

自信自強的猶太人

猶太人得益於傳統，所以自信而又自強。按希伯來《聖經》，上帝與以色列的三位始祖以及摩西立約，賜給他們「流著奶和蜜」的土地，佑助他們子孫繁茂，啓示給他們十誡等六百一十三條律法，從而使以色列人成為「上帝的選民」。誠然，如猶太人自己強調的那樣，「選民」不是一種特權，而是一種責任和義務。然而，誰也無法否認，「選民意識」體現了猶太人與上帝的特殊關係，使之具有一種「天降大任」、「捨我其誰」的神聖使命感。

正是這樣的「選民意識」和由之而來的使命感，成為歷代猶太人的精神支柱，使他們能夠在極端困苦的歲月裡充滿自信，能夠以難以想像的堅忍不拔的毅力，發憤圖強、自強不息，克服了歷數不盡的困難和障礙，從而成就非凡。的確，有不少猶太思想家並不欣賞「選民」概念，但是，有誰能夠否認他們從其先輩、家庭和文化傳統中，透過耳濡目染的薰陶，接受了「選民」的精神和使命意識，並使之成為激勵他們取得輝煌成就的動力呢？

信奉猶太教的猶太人，以上帝的「特選子民」自居，他們在潛意識裡，始終認爲自己和其他民族的人不同，即使在歷史上遭受無數磨難，猶太人的這個信仰從不改變，反而因「風雨生信心」而更加堅定。如此自視的猶太人自然自信十足，這就難怪一般猶太小職員、小商人一臉自信，認爲自己比洛克菲勒、索羅斯也不遜色多少。

缺乏自信者總是畏畏縮縮，結果許多易於完成的事都中途作廢。信心充足者，做事時可令自身潛能得到超常發揮，結果時常變許多「看似不能」爲「居然成功」。自信令其屢敗屢戰，直至成功；自信引發「他信」，他信助其成功。在變幻莫測、競爭激烈的商界，自信之重要尤甚。

經典故事

自信而固執的學生

有一次上實驗課，教授照例發給每個學生一張紙條，上面把操作步驟寫得一清二楚。愛因斯坦照例把紙條揉成一團，放進褲子口袋。過了一會兒，這張紙條就進了廢紙簍裡。原來他有自己的一套操作步驟。

愛因斯坦正低頭看著玻璃管裡跳動的火花，頭腦卻進入了遙遠的抽象思維的世界，突然，「轟」的一聲，把他震回到現實世界中來。愛因斯坦覺得右手火辣辣的，鮮血直往外湧。同學、助教、教授都圍了上來。教授問明情況，就憤憤地走了。他向系裡報告，堅決要求處分這個膽大包天、完全不守規矩的學生。前不久，因爲愛因斯坦不去上他的課，他已經要求系裡警告愛因斯坦。未來的物理學大師果眞受到了處分。一個不聽老師話的學生能成材嗎？

十幾天以後，愛因斯坦看到教授迎面走來，想躲已經來不及了。教授走到愛因斯坦面前，目光很自然地落到他那隻包著繃帶的右手上，教授嘆了口氣，心裡又同情又遺憾，說：「唉，你爲什麼非要學物理呢？你爲什麼不去學醫學、法律或語言學呢？」

愛因斯坦並未意識到教授的話中話，教授認定，一個不循規蹈矩的人，是進不了物理學殿堂的。

誠實的愛因斯坦老老實實地回答：「我熱愛物理學，我也自以爲具有研究物理學的才能。」

教授迷惑了。一個不守規矩的學生，還加上一份固執，他搖了搖頭，再次嘆了口氣，說：「唉！……算了，聽不聽由你，我是爲你好！」

歷史得感謝愛因斯坦的「不守規矩」和固執。假如當初愛因斯坦眞聽了這位教授先生的「忠告」，物理學眞不知要蒙受多大的損失呢！幸好，固執的愛因斯坦是有自信的。他繼續走自己的路，繼續刻苦攻讀物理學大師的著作，不因守舊教授們的態度而退縮。

自嘲也是自信

猶太人的自信，還透過他們的幽默表現出來：

前蘇聯制定太空計畫，德國人、法國人和猶太人前來應聘。招考人員先問應徵的德國人，在什麼待遇下肯參加太空飛行。德國人回答：「我需要三千美元，一千美元給我的妻子，一千美元用作購屋基金，一千美元自用。」

接下來輪到浪漫的法國人回答了：「給我四千美元我才肯幹。一千美元給我的妻子，一千美元歸還購屋貸款，一千美元自用，還剩下一千美元給情人。」

猶太應徵者則說：「給我五千美元我才幹，一千美元給你，因爲你把機會給了我，一千美元歸我，其餘的三千美元僱一個德國人開太空船。」

無論招考人員是否會這麼做，這個故事可以反映猶太人的精明。他們不必自己去冒險，只是擺弄了一下數字，就可以使招考人員、德國人和自己都達到了要求。平心而論，猶太人既沒有盤剝德國人，因爲在猶太人的方案中，德國人依舊可以如願以償地得到與他們自己開價相等的三千美元，也沒有像浪漫的法國人那樣公然把妻子和情人一視同仁，從而越出了「合法」的界限。至於猶太人，既然允許自由開價，報得高一點也無可厚非，再說還給了招聘人員一千美元的回扣，這在流行回扣的社會裡也不足爲奇。對於猶太人自己所賺的一千美元，只能歸於其精明的商業腦袋。他們幾乎什麼都沒做，只是試圖把到手的「定單」轉讓一下，就可以從中淨賺一千美元，任何人都不能不感歎於猶太式的精明。

從猶太人自己編出來的，帶有諷刺自己意味的笑話中，我們看不出猶太人對自己過於直露的精明有半點慚愧之意，反而卻清晰地感覺到猶太人對自己的妙算洋洋得意之情。這就足以說明，猶太人把精明完全看作是一件堂堂正正、甚至可以大肆炫耀的東西。可以說，對精明自身來說，沒有什麼比坦蕩的態度更爲關鍵、更爲重要的。猶太人正是在這種自我解嘲的開懷大笑中，變得更加精明的。

敢於大膽嘲笑自己民族的人並不很多。可以說，自嘲是一份自信、一份富有、一份坦然、一份灑脫。正如眞正富有的人不怕說窮，眞正厚實的人不怕說淺薄一樣，敢於嘲笑自己的人，是不怕被別人嘲笑，同時也沒有什麼值得別人去嘲笑的。當你對一個百萬富翁說「你是一個窮光蛋」時，他很有可能笑著回答說：「對，我是一個大窮光蛋。」因爲富有對於他們，已經是一種類似於「天然」的社會地位和生活方式，而他自己也「富」到了不怕別人說「窮」的地步了。如果你對一位剛剛擺脫貧困的暴發戶說：「買不起就別買！」他會感覺受到了極大的侮辱，並且很可能會「非買給你看看不可」。因爲「富有」對於他們來說，還是需要透過別人的認可來證實的身分的籌碼，這些人還是在靠財富來顯示個人的魅力，還沒有達到憑個人品格增值自己的財富的階段。

敢於嘲笑自己的人，是一個自信的人，而自信的人是一個具有較大包容度的人。包容不僅僅在於兼收並蓄，而且更在於「藏污納垢」。所謂兼收並蓄，即在自嘲的時候，知道自己的弱處、吸納別人的長處，但並不會由於弱處的存在和自嘲的行爲而妄自菲薄。所謂「藏污納垢」，即能容偉大，亦能容渺小；能容高尚，亦能容卑賤；能容美麗，亦能容醜陋。一個人的高大矮小、崇高卑微、卓越平凡，只有在比較之中才能分辨明見。

經典故事

窮光蛋和百萬富翁

有一天，猶太教士胡里奧在河邊遇見了憂鬱的年輕人費列姆。費列姆哀聲嘆氣、愁眉苦臉。

「孩子，你為何如此鬱鬱不樂呢？」胡里奧關切地問。

費列姆看了一眼胡里奧，嘆了口氣：「我是一個名副其實的窮光蛋。我沒有房子、沒有工作、沒有收入，整天饑一頓、飽一頓地度日。像我這樣一無所有的人，怎麼能高興得起來呢？」

「傻孩子，」胡里奧笑道，「其實，你應該開懷大笑才對！」

「開懷大笑？為什麼？」費列姆不解地問。

「因為你其實是一個百萬富翁呢！」胡里奧有點兒詭秘地說。

「百萬富翁？您別拿我這窮光蛋尋開心了。」費列姆不高興了，轉身欲走。

「我怎敢拿你尋開心？孩子，現在你能回答我幾個問題嗎？」

「什麼問題？」費列姆有點兒好奇。

「假如，現在我出二十萬金幣，買走你的健康，你願意嗎？」

「不願意。」費列姆搖搖頭。

「假如，現在我再出二十萬金幣，買走你的青春，讓你從此變成一個小老頭，你願意嗎？」

「當然不願意！」費列姆乾脆地回答。

「假如，我現在出二十萬金幣，買走你的美貌，讓你從此變成一個醜八怪，你可願意？」

「不願意！當然不願意！」費列姆頭搖得像個撥浪鼓。

「假如，我再出二十萬金幣，買走你的智慧，讓你從此渾渾噩噩度上一生，你可願意？」

「傻瓜才願意！」費列姆一扭頭，又想走開。

「別慌，請回答完我最後一個問題——假如現在我再出二十萬金幣，讓你去殺人放火，讓你從此失去良心，你可願意？」

「天哪！做這種缺德事，魔鬼才願意！」費列姆憤憤地回答道。

「好了，剛才我已經開價一百萬金幣了，仍然買不走你身上的任何東西，你說你不是百萬富翁，又是什麼？」胡里奧微笑著問。

費列姆恍然大悟。他謝過胡里奧的指點，向遠方走去……

從此，費列姆不再嘆息、不再憂鬱，微笑著尋找他的新生活去了。

這就是猶太人，他們堅信可以憑藉自身的實力來獲得財富，改變自己的命運。

培養孩子的獨立意識

猶太人培養孩子獨立意識的做法，在我們看來雖有些殘酷，但絕對理智。它正是猶太民族長期流而不散的一個重要原因。

這種相信自己的思想，是孩子們獨立意識形成的基礎，它使猶太小孩從小便有獨立生活的意識。他們相信，只有自己才能養活自己，靠別人來生活絕對是天眞的幻想。

因此，他們在任何條件下，都能頑強地生存下去。他們憑藉的是自己的能力，再加上強烈的生存意識，他們當然能找到賺錢的好辦法，去解決自己的生活問題。

商業經營者作爲獨立掌握自己命運的分子，首先應具備的，便是這種理智的獨立意識與生存意識。

這種意識還構成了猶太商人自我保護的「防護膜」，使他們從不陷於別人的商業陷阱。

具有獨立意識，只是你掌握自己命運的第一步，你還必須具有自強不息的精神。可以說，自立當自強，自強促自立，兩者相輔相成。

傑出的人物之所以能成功，一個重要的原因，就是他們具有必勝的信念，均能自強不息。生活中總有許多人抱怨自己沒本事，從而消極平庸，但實際上每個人都有成功的潛質，正如拿破崙所言：「世上沒有廢物，只是放錯了地方。」只要選準一條適合自己的路，堅持下去，自強不息，積極進取，就一定能成功。

自強不息是猶太人的一個優良傳統，在困難和挫折面前，他們從不退縮，迫害和殺戮也封鎖不了他們前進的路。從羅馬帝國時起，猶太人便被迫離開故土，流散天涯。在漫長的流亡漂泊歲月中，猶太民族的特性、宗教、語言、文化、文學、傳統、曆法、習俗和智慧，沒有因這兩千多年的悲慘民族史而分崩離析，他們至今仍保持著自己民族的特色和凝聚力。千百年來，猶太人人才輩出，精英遍布世界。處境惡劣與成果卓著形成的強烈反差，是這個民族的旺盛生命意識和自強不息的進取精神的反映。

教育孩子，首先要培養孩子自信的優良品格，十分重要，一個自信的孩子，首先必須得到父母和他人的尊重。有自尊才能有自信，因此，對父母來說，要孩子自尊，父母就要尊重你們的孩子，讓孩子處處感到父母的愛，和因爲他帶給父母的自豪。

經典故事

自強不息的巴拉尼

巴拉尼是個猶太人的兒子，年幼時患了骨結核病，由於家境不富裕，無法醫治好，他的膝關節永久性地僵硬了。

但是，巴拉尼沒有因此而喪失生活的信心，相反地，卻增加了生存下去和創大業的決心。他立志學習醫學，歷盡艱苦，終於學有所成。他對醫學研究精深，特別對耳科絕症有獨到研究。他一生發表了一百八十四篇醫學科研論文，和兩本很有研究價值的論著：《IX半規管的生理學與病理學》、《前庭器的機能試驗》。

由於科研成果卓著，巴拉尼獲得了所在國奧地利皇家授予的爵位，並於一九一四年獲得諾貝爾生理學及醫學獎。

可以說，這些榮譽是對巴拉尼的自強不息精神的獎賞。

提高孩子的自信心的方法

培養孩子自信心的有效方法有：

1.發掘自己家族或親戚方面取得傑出成績的當代人或歷史人物，經常用來鼓勵孩子，以此增加孩子的自豪感。

2.發掘孩子的優點，抄寫在一張大紙上，貼在家人和孩子容易看到的地方，例如同情心、正義感、歌唱、表演、繪畫才能等。當孩子遇到困難和挑戰顯得退縮、信心不足或畏懼時，可以引導孩子回憶過去的光榮成功史。

3.當著自己孩子的面，父母要公開、大聲地讚揚孩子的優點，讓孩子從小知道，父母以他爲榮。

4. 對孩子沒有過高要求，讚美孩子取得的最微小進步。
5. 父母要用積極的言語，評價孩子的一切行爲。
6. 讓孩子做他自己會做的事情。
7. 教孩子認識自己的缺點，認識到自己的力量。

經典故事

愛因斯坦的三個木凳

在一次工藝課上，老師從學生的作品中，挑出一張做得很不像樣的木凳，對大家說：「我想，世界上也許不會有比這更糟糕的凳子了！」在哄堂大笑中，愛因斯坦紅著臉站起來說：「我想，這種凳子是有的！」說著，愛因斯坦從課桌裡拿出兩個更不像樣的凳子，說：「這是我前兩次做的，交給您的是第三次做的，雖然還不行，卻比這兩個強得多！這是我爸爸告訴我的！」

一口氣講了這麼多話，愛因斯坦自己也感到吃驚。老師更是目瞪口呆，坐在那裡不知說什麼好。

玻爾拆自行車

猶太物理學家玻爾在父母的啓發下，三歲時就向爸爸提出許多有趣的問題，甚至在父親的鼓勵下，他還拆卸了一輛出了毛病的自行車。當時，他三兩下子就把自行車拆開了，卻裝不上了，他一下子慌了手腳，家裡人也有點急了，只有玻爾的父親不著急，他對玻爾說：「爸爸知道你能裝好，再想一想怎麼拆的。」

在爸爸的鼓勵下，玻爾靜下心來，仔細把零件又研究了一遍，最後終於把自行車重新裝配好。

在後來進行科學研究時，不管遇到多大挫折，玻爾都會充滿信心，從未半途而廢過，所以獲得了很大成功。

10 培育孩子積極樂觀

經典故事

飛馬騰空

《塔木德》中，有一則名叫「飛馬騰空」的故事：

古時候有一個叫哈比的猶太人，因惹怒了國王而被判了死刑，這個人向國王請求饒恕一命，他說：「只要給我一年的時間，我就能使您最心愛的馬飛上天空。如果過了一年，您的馬不能在天空自由飛翔的話，我寧願被處死刑，絕不會有半點怨言。」

國王想了想就答應了他。

在哈比回到牢房之後，另一位囚犯對他說：「你不要信口開河好不好，馬怎麼能飛上天空呢？」

哈比回答說：「在這一年之內，也許國王會死，也許我自己病死，說不定那匹馬出了意外送了命。總之，在這一年之內，誰知道會發生什麼事呢？」

「陽光女孩」派翠西亞

派翠西亞．派克，一九九六年五月被選入《今日美國》的全優生隊伍。她以優異的成績從高中畢業，進入史丹福大學就讀。她的組織和領導才能也得到人們的讚揚。

如果人們瞭解了派翠西亞的成長環境，就對她所取得的成績更加讚賞。派翠西亞的母親患有精神病，派翠西亞從小是在親戚家中長大。她總是穿梭般來往於兩個家之間，在很多地方住過。她有三個哥哥，兩個哥哥在讀高中時，由於吸毒而坐牢。

在這樣的環境中，使派翠西亞區別於那些表現一般、甚至不走正道的孩子的最重要的兩點是：爭取成功的決心和她的樂觀精神。

對派翠西亞來說，不幸是成功的朋友，是對意志力的一種嚴峻考驗，正如她對一位記者所說的那樣：「如果我生在富裕家庭裡，那麼，我就會悠閒地生活而不是努力奮鬥。」

記者評價說：「在派翠西亞的身上，你看不到任何悲觀的氣息，她是一個陽光女孩。」

欠債

雅各向朋友艾隆克借了一筆錢，眼看明天就要到期了，可是雅各仍然囊空如洗，一分錢也沒有。明天如何還債呢？

雅各腦子裡亂七八糟的，不知道明天如何向艾隆克解釋。他人雖然躺在床上，但輾轉反側，怎麼也睡不著覺。後來他乾脆下床，在床邊繞圈子，又在椅子坐了下來。他想了又想，仍然想不出個辦法來。

這時，雅各的太太突然開口說：「你這個人真笨，明天你沒有錢還，應該擔心、應該睡不著覺的，不是艾隆克嗎？」

雅各恍然大悟。於是他重新上床，一覺睡到天亮。

❖《塔木德》智語

「笑對苦難，它最終也將會向你露出微笑。」

「當壓力出現，迫使我們改變自己的法規時，我們要不顧一切地戰鬥，即使面臨強敵也要戰鬥，生命不息，戰鬥不止。」

以樂觀的態度去克服困難

猶太人的性格古板、堅硬、樂觀，遇到大困難絕不抱怨，並以樂觀的態度去克服困難。他們常說的三句名話是：「本來就是這樣」、「一切都會好的」、「我們肯定會贏」。他們從不悲觀，一直積極進取，即使遇到了最為艱難的事情也是一樣。積極進取的精神，是人類最寶貴的財富，它讓一個個缺乏機會的人們，從艱難困苦中鍥而不捨，最後獲得了世人驚歎的成就。

因此，猶太人認為世界的事情都不要過分擔心，在這樣的觀念下，猶太人總是可以保持樂觀的精神，歷經艱難困苦而始終充滿了對未來生活的憧憬，結果奇蹟降臨到這些勇敢而樂觀的人們頭上。他們可以在別人覺得不可能的地方找出可能，讓不可思議的事情變為現實。

猶太人在其民族文化的影響下，再加上長期流離失所的狀況，普遍形成了一種「謙和」的耐性。猶太商人就善於利用自己的這一耐性，在經商的一切活動中，充分發揮「和氣」的作用。這種和氣的儀表，在人際交往中確有黏合劑的作用，它很容易把對方吸引住。在商務活動中，實踐證明它是一種促銷手段。因爲人是群體動物，人與人之間能否和睦相處，對事業影響很大。企業家製造出來的商品或服務，因受人喜愛樂用而賺錢發財；政治家開展政治工作，因得到人們的支持而有所成就；歌唱家演唱得到觀眾讚賞，因得到樂隊的伴奏和觀眾的捧場而被接受……一切都離不開其他人的支持和幫助。猶太人領會這一道理，把人與人的關係處理好，成爲他們事業成功和發財致富的一種技巧。

即使是在他們遭受驅逐和凌辱的時候，在他們像爛泥一樣被踩在腳下的時候，他們也絕不放棄自己是上帝選民的自豪感，別人欺凌他們，稱他們爲「猶太豬」，希特勒說猶太民族是劣等民族，不配和高貴的德國人生活在世界上，可是他們從來沒有這樣認爲過，他們反而覺得自己才是最值得驕傲的民族，自己仍然可以改變這個世界。

經典故事

「以色列國父」古里安

本．古里安是以色列國的締造者，以色列國第一任總理。他那極富傳奇色彩的一生，正是猶太復國主義運動和以色列國創建及發展的縮影。他的樂觀精神在以色列國的創建過程中，產生了決定性的作用，是猶太民族樂觀向上精神的縮影，他被以色列人稱為「國父」。

一九三六年，巴勒斯坦的阿拉伯人為抗議古里安大力提倡的猶太移民行動，發生了一系列大規模的騷亂，當時的管理者英國政府委派了一個皇家調查團，調查騷亂的眞相。後來的以色列總統魏茲曼，對增加巴勒斯坦猶太人數，從而依靠以色列故土的工人建立以色列國家的觀點持懷疑態度，他提出：移民一百萬猶太人需要二十年到三十年，因此不能依靠移民來促使英國批准「巴勒斯坦分治」。

對此，古里安大為氣憤，差點兒辭去猶太代辦處的職務。

事實上，在以色列國建立的八年內，就有近二百萬猶太人移居以色列。

一九四二年，古里安提出將「在巴勒斯坦建立獨立的猶太國家，並使之成為民主的新世界體系的一部分」，結果遭到了與會很多委員的否定，他們一致認爲：「綱領中有很多吹噓的成分，本・古里安太樂觀了。」古里安反覆勸說委員們，最終通過了這一綱領，即使這樣，他還是受到了魏茲曼的攻擊。而本・古里安針鋒相對：「我相信，戰爭結束後，這一綱領將成爲全體猶太人的奮鬥目標。」

時間剛剛過了五年，一九四七年十一月二十九日，聯合國就通過了把巴勒斯坦分成一個阿拉伯國家和一個猶太國家的分治方案，猶太人實現了他們奮鬥了兩千多年的理想。

這一切主要是古里安的功勞。

培養孩子樂觀的遊戲

道具：兩張卡片，可以用孩子喜歡的卡通紙片，一張標「+」，另一張標「—」。

這個遊戲需要三人一組，並排坐在一張長凳或分別坐在三張並列的椅子上。

遊戲開始時，讓孩子坐在中間，母親持「—」卡片坐一邊，父親持「+」號卡片坐在另一邊。

孩子說出自己正面臨的問題，然後持「—」者說些悲觀的或消極的意見，由持

「+」者進行反駁。請記住，反駁可以不是積極的，但必須是符合實際的，或「可證實的」。不要使用「只要用心，你什麼都能做到」之類的空洞而不實際的話，因爲有些事我們是做不到的。也不要用「努力奮鬥吧！」這一類演講語言。

坐在中間的人對問題的答案充當裁判，圈出符合實際的積極答案。

每一輪五分鐘，然後持片者互換角色，坐在中間的人再提出問題，新一輪開始。

這個遊戲以二至四輪爲宜，不宜過短或過長。

11 教孩子做博愛之士

經典故事

三位朋友

某一日，國王召喚一名男子去皇宮。

國王的召見，使這位男子非常惶恐，他猜自己是否做了什麼違法之事。他不敢獨自前往皇宮，於是決定邀請他的三位好友同行。

他的好友中的一位，是他的莫逆之交，對他最爲器重。第二個朋友，他雖然也喜歡，但關係比不上第一個朋友。至於第三位朋友，關係比前兩位疏遠多了。

當然，他首先到了他自以爲最密切的朋友家，結果遭到了這個朋友的斷然拒絕。接著，他又去了第二位朋友家，回答是：「我可以把你送到皇宮門口，但不陪你進去。」最後，他懷著一絲希望去了第三位朋友家，沒想到第三位朋友慨然答應陪他一同前往皇宮。

爲什麼三位朋友的態度截然不同呢？而且在關鍵時刻，平時最要好的朋友卻對他不理不睬呢？

《塔木德》認爲，第一位朋友是「金錢」，凡人儘管貪財，但卻生不帶來、死不帶去。

第二位朋友是「親朋」，只能將他送到墳場，然後便棄之不顧。

第三位朋友是「善行」，雖然平常關係不太密切，只有他死後陪伴他永眠九泉之下。

捐獻的利潤

《塔木德》上記載了這樣一個故事：

在古代的迦南，有一個很富裕的大戶，其主人被周圍鄰居譽爲當地最慈善的農夫。每年，拉比都會到他家訪問，而每次他都毫不吝嗇地捐獻財物。

這個農戶有很大的農田。可是有一年，由於風暴和瘟疫的襲擊，所有農田和果園都遭到了嚴重破壞，全部牲畜都死光了。此時債主卻蜂擁而至。他們幾乎分光了他所有的土地，最後只剩下很小的一塊地。

家人都憂慮重重，有的私下埋怨他過去捐獻太多，以至於沒有多少積蓄。但他卻泰然處之，絲毫沒有怨天尤人之意。他說：「既然神賦予的東西，神又奪了回去，還有什麼可說的呢？」

年終，拉比們又像往年一樣來到農夫家，見他家道敗落，拉比們都對他表達同情之意，也無意再請他捐獻。農夫的太太說：「我們時常捐款建學校，維持教堂正常進行活動，今年拿不出錢，實在抱歉。」

後來，夫婦二人覺得讓拉比們空跑一趟，於心不安，便決定把剩餘的那塊土地賣掉一半，捐獻給拉比。拉比們非常驚訝，自然感激不盡。

有一天，農夫在剩下的那塊土地上犁地，健壯的耕牛竟然滑倒了。他手忙腳亂地扶起耕牛時，卻在牛蹄下發現了寶物。他把寶物賣掉後，又重新回到了先前的富裕生活。

次年，拉比們又來到這裡，他們不想再去農夫的家，以爲農夫還和原來一樣窮。可是附近的人興高采烈地告訴他們：「農夫已搬入新居了，前面那所高大的房子，才是他的家。」

拉比們走進大房子，農夫高興地向他們說明近一年發生的事，最後農夫總結說：「只要樂於行善，它必定會倒過來，這就是捐獻的利潤。」

一位拉比說，他常在募捐時向人講述這個故事，「每一次我都會獲得成功。」

最有意義的事和最該避免的事

有一天，拉比約哈南問他的五個學生：「什麼是你們生活中最有意義的事情？」

艾雷澤拉比說：「一雙好的眼睛。」

宙數拉比說：「一個好朋友。」

耶斯拉比說：「一個好鄰居。」

西蒙拉比說：「能預言未來的智慧。」

愛禮拉比說：「一副好心腸。」

約哈南對他們說：「愛禮的話最讓我高興，因爲他所想的，包含了你們所有的答案。」

還有一次，約哈南問他們：「什麼事情是一個人生活中最應該避免的？」

艾雷澤拉比說：「一雙邪惡的眼睛。」

宙數拉比說：「一個邪惡的朋友。」

耶斯拉比說：「一個糟糕的鄰居。」

西蒙拉比說：「一個借錢不還的人。」

愛禮拉比說：「一副壞心腸。」

約哈南對他們說：「愛禮的話最讓我高興，因爲他所想的包含了你們所有的答案。」

❖《塔木德》智語

「出錢的人講話最大聲。」

「你能施捨多少錢，你就會多富有。」

把財富捐獻給社會

有人曾花了二十五年的時間，跟蹤研究了一百名猶太超級富豪的生活，得出了猶太人對金錢的忠告，值得我們學習：「獲得金錢的最保險方法，就是先捐獻。瞭解了這一點並能做到的人是幸福的。」

《聖經・利未記》中說：「在你們的土地上收割莊稼時，不可割盡田頭，要留給窮人。」

因此，古代的猶太人有個傳統：捐獻十分之一的收入給窮人；田地裡的莊稼不能完全收割，要留下十分之一給窮人。

這種傳統後來成爲猶太富人的習慣，他們會把十分之一的收入捐給收入較低的人，把大量財富捐獻給社會。

在中世紀的歐洲，猶太人有一種良好的社會捐贈機制：分配食物和衣服給窮人，爲來客提供住宿，爲貧窮人家的新娘提供嫁妝，幫助孤兒寡婦，爲去世的窮人提供墓地。

在猶太人社區中，猶太人會成立一個捐贈機構，接受和安排捐款的使用。

爲了保障族裔的安全，猶太人熱心利用財富，花費時間行善。在美國，猶太人屬於少數民族，但他們奉獻的金額卻高得讓人難以置信。在美籍猶太人的慈善和政治活動中，可以看出猶太人是如何慷慨。一般美國人捐贈的金額，只占可支配收入的2%，相比之下，猶太人的這個比率達到4%。猶太聯合捐贈協會每年大力勸募，從占美國人口2%的猶太人當中，每年募捐收入超過十億美元，這個募捐額已經超過美國任何一個慈善團體。

在一般人的印象中，猶太人是刻板的「吝嗇鬼」，但事實上，猶太人是最有善心的民族之一。他們不但幫助猶太本族人，而且幫助異族人。儘管有時異族人的信用不是很好，使美國某些基金會停止借款給異族人，但大部分基金會仍然會貸款給異族人。

贈予就是天職

在十九世紀與二十世紀之交，爲美國經濟做出巨大貢獻的億萬富翁陸續離開了人世，他們的龐大資產都傳給了他們的子女。世界上最大的一筆資產，即猶太人約翰・洛克菲勒的近十億美元的資產，由他的獨生子小約翰・戴衛・洛克菲勒繼承。

在老洛克菲勒的晚年，他已經捐出了上億巨款，分別捐給學校、醫院和研究所等。他還建起了龐大的慈善機構。

在他去世後，這些全部交給了小洛克菲勒。

出於商業目的和殖民統治考慮，一九一四年，洛克菲勒建議創設中國醫學會，並計畫在中國北京建立一些現代化的醫學院，於是，他捐獻幾千萬美金，建設了中國協和醫學院和北京協和醫院，小洛克菲勒親自參加了落成典禮。它們爲中國人帶來了健康的福音和保障。

事實上，美國政府在二十世紀後半葉的衛生、教育和福利事業中，有許多是洛克菲勒在二十世紀就發起的。

在美國國內，有一萬六千名科技人員，曾享受到洛克菲勒基金會提供的科研費用，他們當中有很多是世界一流的科學家。

洛克菲勒基金會還資助科學研究方面的開拓性工作，如在加州建造了世界上最大的天文望遠鏡；在加利福尼亞大學建設了有助於分裂研究的一百八十四英寸迴旋加速器。

洛克菲勒基金會在環境保護方面的貢獻更是巨大，花費超過一億美元。

洛克菲勒父子的捐獻超過十億美元。

小洛克菲勒說：「給予是健康生活的奧秘，金錢可以用來做壞事，也是造福人類的工具。」

對他們來說，贈予就是天職，就是他們的專門職業。

培養孩子博愛之心的活動

在美國和歐洲各國，猶太社區會辦一些社區服務活動，大多數孩子會定期參加這些類似幫助弱者的活動。這些活動使孩子們對幫助他人有了親身體驗，也就懂得了活動的眞正涵義，因而養成了助人、博愛的好習慣。

父母和孩子一起參加有組織的社區服務活動，定期幫助他人，不僅能培養孩子關心他人的特質，增加孩子的親和力，也能教會他們許多社會技能，使他們懂得合作的重要性，以及鍥而不捨、持之以恆的價值。

如果父母不是某些宗教和社區服務團體的成員，不能讓孩子參加社區服務，那麼下列活動可以幫助孩子培養博愛之心：

1. 做飯時，讓孩子在廚房幫忙。
2. 參加拯救瀕危動物組織。
3. 幫助鄰居打掃衛生。
4. 給老年人讀報。
5. 給小孩當家庭教師。
6. 和生病的小朋友一起玩耍。

當然，這些活動最好是父母與孩子共同參加，優先選擇那些能引起孩子興趣的，對家人和孩子有意義的活動。

國家圖書館出版品預行編目資料

天才是培養出來的 / 王海倫著. -- 初版. -- 新北市：華夏出版有限公司, 2023.06
面； 公分. --（人格教養；09）
ISBN 978-626-7296-00-4（平裝）
1.CST：家庭教育 2.CST：人格教育 3.CST：猶太民族

528.2 112001130

人格教養 009
天才是培養出來的

著　　作　王海倫
印　　刷　百通科技股份有限公司
　　　　　電話：02-86926066 傳真：02-86926016
出 版 者　華夏出版有限公司
　　　　　220 新北市板橋區縣民大道 3 段 93 巷 30 弄 25 號 1 樓
　　　　　電話：02-32343788 傳真：02-22234544
E-mail：　pftwsdom@ms7.hinet.net
總 經 銷　貿騰發賣股份有限公司
　　　　　新北市 235 中和區立德街 136 號 6 樓
　　　　　電話：02-82275988 傳真：02-82275989
　　　　　網址：www.namode.com
版　　次　2023 年 6 月初版一刷
特　　價　新台幣 320 元（缺頁或破損的書，請寄回更換）

ISBN-13： 978-626-7296-00-4